# 光影启迪教育

给教师的29堂电影课

大夏书系·课程建设

徐明 · 著

华东师范大学出版社

全国百佳图书出版单位

· 上海 ·

# 目 录

中编 ┃ 成长课：陪伴等待，并且忍耐

## 下编 ▎ 细节课:靠近生命,靠近幸福

# 自序：让自己有光

2020 年年初，一场突如其来的新冠疫情打乱了绝大多数人的生活节奏与工作节奏。小区封闭、杜门谢客成为常态；在厨房练厨艺、对着电视屏幕举杯，成为那一阶段朋友圈的"最时尚"或"最流行"。

这些貌似乐观行为的背后，其实更多的是一种煎熬，每天窝在家里，一边撕着日历，盼望着疫情快点结束，一边倍感无聊、无奈，做什么事情总觉得无能为力。贾樟柯就曾在一篇文章中坦言："我上网、刷微博、看微信，没过几天也开始厌倦了这样足不出户的生活。"他还把自己比作游荡街市的狗，"突然被关进了笼子，终究会想念街道的"。我也有同样的感受，总想跨越时间与空间，走向熟悉的单位，走向亲切的学校。

但是，走出无聊与无奈，终究还是要靠自己。既然做蛋糕、做面包并不擅长，对着电视屏幕喝酒又有点夸张作秀，那么，我想——还是找点电影来看看吧。

开始的电影点播，颇有点意识流，点到什么就看什么，或者是有的电影看到一半，无意间又看到或想起什么电影，于是随着兴趣又换了节目……

　　这样的观影生活没过两天，无聊与无所事事的感觉依然挥之不去，而一种教育人的职业习惯在不经意间袭上心头：既然散漫的观影方式仍然无聊，何不以教育人的视角，与各式各样的电影做一番对话？在我看来，好的电影不仅能温暖人心，更能启发我们对自身、他人乃至世界的思考。著名导演杨德昌说："电影让我们的生命延长了几倍，那些我们不曾经历的人生，在电影里演绎，仿佛我们也过了那样的一生。"这就是电影的力量。为人师者看电影，尽管生活消遣依然是重要目的之一，但是，以此促进生涯发展、辅助改进教学，尽管不能说每一次都是"有心栽花"，但起码能够起到"无心插柳"的作用。老祖宗早就教导我们，"处处留心皆学问"；更何况，教育先贤也一再告诉我们，"要给学生一滴水，教师要有一桶水"。电影之于教育、教师，未必能解答所有的教育难题，但一定能在某种程度上帮助我们缓解内心焦虑，重新理解教育本质，更进一步走进学生的内心。

　　哪些电影才是我们需要的呢？这也是一个边看边找、边找边看的过程。这些电影，有的来自自己的发现，有的来自亲友家人的推荐，后来，更有全国各地教育合伙人的介绍。就这样，我基本上按照一天一部甚至一天两部的节奏观看，看完电影，做一些思考，并在微信朋友圈发一些随想，而各地朋友们的意见、建议与推荐，又反过来鼓励着我第二天的观影行动。就这样，在两个多月的时间里，我观看了《地球最后的夜晚》《地久天长》《求求你，表扬我》等国产类型影片，也观看了《天才捕手》《触不可及》《蒂伯巴赫村的孩子们》《怦然心动》等经典国外影片，还重温了《不拘小节的人》《小猫钓鱼》等年代甚为久远的老影片、动画片。随看随思——去努力发现电影的主题与教育的问题究竟有什么共通之处，比如，如何教学生认清自我，如何坚持为了成长而等待，如何对待学生的梦想，等等。随思随改——去探索教育教学实践中某一个老调重弹的话题或者有待细节改进的技术，比如，如何对待早恋，如何对待说谎，如何对待作弊与逃学，如何深化德育改革，等等。

我想的都不是高大上的教育理论，面对的也都是学校与育人实践中的常见性、现实性问题，所以，便觉得有话说，也有兴趣说，而且说起来还能够引起更多朋友的共鸣与研讨，仿佛一发而不可收般，到 2020 年 6 月，检点篇目，观影竟达 60 余部，文章竟至 50 余篇，从中再做删减，形成如今这本《光影启迪教育》，作为《思维影响教育》（华东师范大学出版社，2019年版）的姊妹篇，诚惶诚恐地奉于各位教育合伙人手中。

书法大师林散之曾经说过："参是走进去，知其堂奥；悟是创造出来，有我的面目。参是手段，悟是目的。参的过程中有渐悟，积少成多，有了飞跃，便是顿悟。悟之后仍要继续参，愈参愈悟，愈悟愈参，境界高出他人，是为妙悟。"这段特殊的疫情期间观影的经历，佐证了艺术大师的妙言。回想起来，整个观影与思考、写作的过程，我总是试图借助电影故事进行教育教学体悟、理论与实践反思，总倾向于对电影故事的体悟视角、体悟方式进行升华，力求避免空对空的对"理想""人生"等宏大命题的一般性阐发与渲染，更重在用正向的思维和典型的案例进行具体性和选择性阐释，选用热播和熟悉的影片，进行独特剖析。其中，或选取真人真事改编的电影故事，或选取虚构电影中引起普遍关注的片段，在具体陈述和分析影片剧情的基础上探讨教育与人生，指向可行的技术改变与操作实践。

观影、思考、写作的过程，不只是一个与职业对话、探索改变的过程，更是一个自我成长、自我教育的过程。一个典型的变化就是——从一开始的不经意的、随心所欲的点播，到后来确定主题、认真细致的选播，再到后来潜移默化、推己及人的感悟，心越来越虔诚，人也越来越澄明。

与职业对话、探索改变、自我成长，归根到底还是要回到教育与教学的实践，回到立德树人的使命。学习是多元的，育人是整体的，"五育"是融合的，问题是无处不在的。而一部适合的电影，真的可以为教师的专业提升、为家长的陪伴教育提供适宜的、有效的支持。人只有常行常省才能不断进步，不断获得存在感，对教师来说更是如此。教师幸福力的提升，也需要教师对教育现状的理性检视，这是专业的要求，更是教育初心使然。我向来认为，一个教师的专业发展，最重要的能力就是自我配置能力。良好的自我配置能力能够使我们在最适合的时间把自己放置在最合适的位置上，使自己的兴趣和爱好、知识和技能得到优化配置，最大限度地实现自我价值。如果我们想很好地审视自己的配置能力，不妨看看电影；当我们迷惘的时候，不妨也看看电影吧，或许这会对我们的自我发现和重构起到不一样的作用。

时光总是留不住。在着手进行最后校订，并写作这篇文章的时候，疫情观影已经成为一年之前的"旧事"。2021年教师节即将到来，而新冠疫情依然呈现波动之势。教育事业伟大，教师职业高尚，教育对象鲜活，教育生活丰富，有些教育现实尽管一下无法改变，但教育主体可以改变，教育人可以转型。无论从哪个方面说，都需要我们教育人改变自己的消极心态，努力"向外求"的同时，更注重"向内求"，内心生出由衷的欢喜，也生出给人点滴希望的微光。

让自己有光，教育才会熠熠生辉。

2021 年 9 月 6 日

上编

哲思课：经由彼此，认清自我

## 电影 1：《天才捕手》

# 最好的教育莫过于让人认清自我

一名恃才傲物的作家，一名爱才育才的编辑，联手打造了传世佳作，更为重要的是，他们经由彼此，认清自我，并成就自我。

今天，我随意找到几乎已经陌生的电视遥控器，打开中央 6 套电影频道看回放，不知怎么就翻到了美国电影《天才捕手》。

故事的开头有点沉闷。时间指向近 100 年前的美国，画面充满了恍若隔世的古典与忙碌，配乐舒缓。是的，一开始，我几乎要放弃了。

故事很简单。天才年轻作家沃尔夫投稿处处碰壁，以致失去自信——当他走到著名的斯克里布纳出版社，遇到著名编辑珀金斯（曾经发掘过著名作家斯科特、海明威，编辑过《了不起的盖茨比》《老人与海》等名著）时，一个下意识的动作竟然是收拾手稿，打道回府。

就在这个时候，故事的情节转折与电影叙事节奏发生变化，开始吊起随时准备"逃离"的我的"胃口"：珀金斯开始只是出于职业习惯在每天上下班的火车上随便翻翻这部过于冗长的不知名作者的投稿，谁知道却从此一发而不可收，乃至手不释卷，废寝忘食。于是，在两位大才第一次在珀金斯的办公室见面，沃尔夫激情慷慨又不无颓废地提出告辞之时，珀金斯告诉他，可以出版这本《啊，迷失》，并且预付了 500 美金的版税。

拿到生平第一份稿费，沃尔夫的激动与兴奋可想而知。要知道，这些年来他承受的不只是各大出版社的退稿，更有女友艾琳在背后义无反顾的支持带来的压力。如今苦尽甘来，让屏幕之外的观众也不由自主地随着沃尔夫的心情跌宕起伏……

电影中，新的挑战考验着一见如故、彼此吸引的两个男人。在长达四年的改稿过程中，珀金斯越来越欣赏这位口若悬河又有点口无遮拦的年轻人，而沃尔夫对珀金斯发自内心的敬重与信任也与日俱增，而且经常出入并自然融入珀金斯的家庭，受到其家人的热烈欢迎。

在情同父子的情谊推动下，小说修改进入最后阶段：珀金斯建议将《啊，迷失》改名为《天使，望故乡》，并在前言中将这本书献给艾琳。

果然，应验了"一分耕耘，一分收获"的谚语，《天使，望故乡》出版后好评如潮，一时洛阳纸贵。

或许是受到大功告成喜悦的激励，又或许是自身偏执性格使然，沃尔夫立刻投入到第二部著作的创作之中。由于背上盛名之下只许更加成功的心理负担，沃尔夫与艾琳渐渐产生情感裂痕。感受到情感危机的艾琳试图挽回，却没能挽回沃尔夫愈加沉醉、近乎疯狂写作的心。两个如父如子、如切如磋的天才男人，又耗费了两年光阴，承受了家人的所有离散与抱怨，终于出版了新的巨著《时间与河流》。

沃尔夫将这本书献给了珀金斯。当然，他当得起这莫大的荣誉。

人们渴望美好的生活，苦难却常常以一种魔咒的形式重现。沃尔夫把第一本书《天使，望故乡》献给艾琳，最终艾琳失去了沃尔夫；现在沃尔夫把第二本书《时间与河流》献给珀金斯，艾琳警告珀金斯：下一个就轮到你了。

开始的时候，珀金斯充满了自信，沃尔夫也绝不相信。可是，事实证明他们都错了。声名鹊起的沃尔夫从欧洲回来后，变得越发骄傲自大、狂放不羁。他对写出《了不起的盖茨比》的斯科特大加嘲讽、出言不逊，甚至让另一位著名作家海明威对此报以侧目，大感失望。沃尔夫已经听不进珀金斯的金玉良言，他离开了珀金斯，并且再也不去珀金斯的家里。他要证明离开珀金斯的沃尔夫一样会有不一样的成功。

然而，时间没有给沃尔夫更多的可能。他去寻找艾琳，艾琳对他失去了以往的热情；他向斯科特道歉，换来的却是斯科特对他抛弃与珀金斯之间友情的善意批评。

宽广无垠的巴尔的摩海滩，滚滚而来的海浪，有时像是唾手可得的名利，有时又仿佛直面灵魂的诘问。在这里，沃尔夫似乎心有所悟。但是，脑子里密密麻麻的肿瘤，已经让沃尔夫再也没有时间去直面自我，更没有时间去追回曾经的爱情与友谊。天才作家，就像一颗瞬间划过天际的流星，长眠在了医院的病床上，与他来不及告别的人永远诀别了。

一部画面古板、节奏舒缓甚至缓慢的电影，在轻柔的音乐声中抵达了终点。那一刻，我竟然感动到有点不能自持。鲁迅先生说，一部《红楼梦》，"经学家看见《易》，道学家看见淫……"不同的人去看，会有不同的看点与评论。这部《天才捕手》何尝不是如此？作家看到了身心的投入，编辑看到了对天才的珍惜，生活家见证了爱情与亲情，心理咨询师从中看到了病态的心理如何渗透进日常的生活。作为一名教师，一名教育者，我又从中看到了什么呢？

首先，无论是沃尔夫，还是珀金斯，他们都经由彼此看清了自我。恃才傲物的沃尔夫在几乎失望崩溃的边缘，遇到慧眼识珠的珀金斯，与生俱来的自信与创造力一下子被激发，不仅出版了惊世之作《天使，望故乡》，一鸣惊人，而且一鼓作气又出版了给自己带来更大荣誉的《时间与河流》。无论是在长达数年的创作、修改历程中，还是在沃尔夫向珀金斯由衷致谢之时，珀金斯从来都不会刻意要求沃尔夫应该怎么做，而是反复与其讨论，是否可以怎么做，最大限度地让沃尔夫释放出自己的潜能。影片开始，珀金斯作为一名已然功成名就的著名编辑，始终定时定点穿梭在家庭与公司，过着两点一线机械刻板的生活，这让他几乎失去了寻找下一名天才的信心。正是沃尔夫天才般的才情，重新燃起了珀金斯作为"天才捕手"的才情，两个天才一拍即合，再次唤醒了珀金斯的生命。如此说来，珀金斯之于沃尔夫，已不再是简单的朋友、父子，甚至更不是简单的编辑与作家，而已成为彼此的良师。他们之间的故事和关系的演绎，让我不能不深刻地追问：教育，更好的教育到底是什么？海德格尔说过，人是向死的存在。于是，追求生命的价值与意义便成为所有人必须作答的此生命题。毕竟，人活在这个世界上，最终还是需要自己走完生命旅程。

那么，作为服务人的生命与生活的教育，最应该给予学生的究竟是什么？是知识吗？可是拥有知识并不等于就拥有了幸福。是征服生活、征服世界的能力吗？可是很多人即使征服了世界，战胜了生活，依旧失去了幸福。其实，每一个人，不管伟大还是平凡，他的幸福只能由他自己来判定。以我个人的教师经历来说，一开始被告知要千方百计让学生去背诵、去考试，要求大家认清知识；后来，又学习到了要坚持"生活即教育"，千方百计让学生去理解生活，创造生活，所谓"世事洞明皆学问，人情练达即文章"。我在想，真正更好的教育，不就是让我们的学生，包括我们自己，去更好地认识每一个自己？我以为，1.0 版的教师教学生认清知识，2.0 版的教师教学生认清世界，3.0 版的教师必须教学生认清自我。

其次，无论是沃尔夫，还是珀金斯，他们都经由彼此更加成就彼此。这一点毫无疑问。如果没有珀金斯，沃尔夫也许仍然会徘徊在各大出版社门口，经受一次次退稿的打击，直至最后失去点滴自信，人类也会失去一部传世名作。即使他也许会遇到另外的伯乐，但是他那已经蔓延生长的肿瘤是否经得起等待，一切还都是未知数。反过来，如果没有沃尔夫，正如影片一开始所展示的，珀金斯的生活，一定就像那定时出发的火车，除了机械地来回穿梭，再也难以遇到生命的灵光闪烁。所以，即使整部影片主要讲述珀金斯对沃尔夫的帮助，在我看来，依然不能无视沃尔夫的出现在珀金斯生命中的意义。事实上，影片反复让沃尔夫出现在珀金斯的家庭，并且经由其夫人的口说出一件事，珀金斯虽然有了 5 个女儿，但一直想要一个儿子。其实，这是一个隐喻，既从明面上表现了珀金斯对沃尔夫的情同父子，又在潜意识里暗指了沃尔夫对珀金斯生活与生命的意义。这就像教师一样，开始，我们可能为一份薪水而教书；后来，我们意识到，必须"捧着一颗心来，不带半根草去"，为成就每一个学生而教；最后，我们发现，我们给予学生多少，我们的学生终将以各种方式回报给我们多少，甚至回报得更多。由此，我进一步认识到，为完成任务去做教师只是对职业的起码应对，为成就学生去做教师只是对事业的应有敬意，而为成就彼此去做教师，才是作为一名教师的终极幸福与意义所在。

让学生更加认清自我，让师生更好地彼此成就，或许，就是我们想要的更好的教育的样子。

顺便说一句，在《天才捕手》这部票房号召力并不太高的电影里，直到沃尔夫去世，两人也未实现真正的"和解"。但是，也许正是天意自有安排，从葬礼上回到办公室的珀金斯，收到了沃尔夫生前寄给他的最后一封信，信里面除了对生命的渴望，还有对珀金斯诚挚的感激。不动声色的珀金斯依然戴着他那顶整部电影都不曾脱下来的呢帽，但是，我分明感受到了他的感动与感慨。

这就好像，很多年后，在一个不经意的下午，我们接到了一个久未联系的学生的问候电话；又好像，某一次街头散步，忽然隔着一条马路，听到对面有一位已经忘记姓名的孩子的家长跟你打招呼……

时间啊时间，真是令人又爱又恨，它在销蚀生命的同时，似乎还烙印下我们更多的幸福印痕！

2020 年 1 月 30 日

## 电影 2：《触不可及》

### 触不可及的现实，触手可及的爱

出身与财富、性格与爱好迥异的两个人仿佛来自两个触不可及的星球，但是，出于尊重、信任与责任，结下了触手可及的友谊。对于教育而言，仅有尊重、信任与责任，还是不够的……

在外出差，去影院看了美国电影《触不可及》。本只想打发时间，不料随着剧情的推动，我竟然被慢慢吸引，进而若有所思。

这是一个有关人间温暖与人性治愈的故事：富豪菲利普因一次滑翔伞事故导致颈部以下完全瘫痪，在招聘生活助理的过程中，遇到了阴差阳错前来寻求三次求职经历证明以申领救济金的失足黑人青年德希斯，两个人在交往中成为平等的朋友，甚至是离不开彼此的知己。最终，德希斯帮助菲利普找到了久违的爱情，而菲利普也帮助德希斯找到工作，得以挽救其濒临解体的家庭。

影片之所以取名"触不可及"，大概是因为菲利普与德希斯，无论是出身与财富，还是性格与爱好，本就是两个世界的人：一个是成功的作家和商人，富甲一方的白人精英，一个是穷困潦倒却屡次失足，更令老婆孩子厌恶的黑人失败者；一个性格沉稳理性，一个个性粗鲁无礼；一个爱好歌剧艺术，一个喜欢流行歌曲……可是，在一次生活助理招聘的选择中，两个触不可及的人偏偏发生了触手可及的连接。

原因何在？恐怕不外乎内外两个原因。一是貌似触不可及的外表下，两人内在人格有共通性。菲利普外表精致，对前妻一往情深，却始终压抑着自由放纵的渴望；德希斯桀骜不驯却隐藏着"决不让儿子进监狱"和让家人过上幸福生活的责任与善良。如此看来，表面相差甚远的两个人，本就是内在相通的"同道"。二是直面现实的差异与差距，两人相向而行的努力。比如，德希斯为菲利普过了一个不一样的生日，而菲利普也让德希斯开着自己的豪车去赴一次已经冷漠的父子之间的"温情约会"……

电影结束了，触不可及的两个人因为触手可及的理解、信任、互助、关爱而变得触手可及。生活中有多少本来触手可及的温暖与爱，被遮蔽在触不可及的冰冷外表下？

由电影自然想到教育。如果把追求人生的幸福作为教育的终极目标，菲利普和德希斯就代表着成长环境、个性禀赋各不相同的学生，那么，如何让每一个"不一样"的学生，都离自己的幸福更"触手可及"呢？或许电影中的一些情节铺陈能给我们如下启迪：

第一，仅有尊重是不够的。为了给菲利普招生活助理，助手伊冯可谓用心良苦，不惜举办了一次专业人才招聘大会。一时间各路人才纷至沓来。每个人都有自己的专长，更重要的，每个人都有一套理论，来表达对菲利普的尊重和关爱。可最终证明，只有最漫不经心甚至不惜与伊冯吵架的德希斯更令菲利普中意。根本原因可能就在于，德希斯其实是超越了尊重的外表，更进一步"触及"了菲利普的内心。

就教育而言，我们不能止步于外表的尊重及飘渺空洞的爱，而是要进入学生的内心，懂得并理解学生的需求。也许这就是高尔基所说的，"爱孩子是母鸡都会做的事"，关键是怎么去爱。

第二，仅有信任是不够的。影片开始，菲利普表现出了对德希斯几乎是"一见钟情"式的喜欢和信任。但是，在什么时候给病人翻身，如何克服心理障碍给病人换导尿管等具体问题上，德希斯一开始还有一点手忙脚乱，甚至差一点酿成大错。不过到后来，他终于得心应手了。

新课改理念告诉我们，学生是学习的主体，教师要尊重并激发学生的自主性，充分信任学生"我能行"。理念无比美好，现实却骨感得很：实践一再证明，学生的自主性从来不会自动生成，起码不会自动提升，离开教师专业的指导，乃至个别辅导，所有对学生的信任，往往会成为过分迁就学生，导致学习难以真正发生的现实阻碍。

第三，仅有责任是不够的。影片中，德希斯对家庭尤其对孩子有强烈的责任心与使命感，但他根本没有养家糊口的能力，导致众叛亲离。同样如此，当教师的没有过硬的教书育人的基本功，所有的教育理想不过是个人一厢情愿的幻觉。

仅有尊重是不够的，我们还需要理解；仅有信任是不够的，我们还需要专业；仅有责任是不够的，我们还需要能力。说到底，教育和生活一样，它不仅是"爱"的事业，更是"会爱"的事业。

十年树木，百年树人。教育的复杂性、微妙性，往往让我们既生"心向往之"的情怀，又难免常有"虽不能至"的慨叹。其实，所有触不可及的背后，都一定有着触手可及的办法、路径与可能。

触不可及的现实，触手可及的爱。也许，这就是我们孜孜以求的符合教育的规律，这就是我们孜孜以求的美好生活的真谛。

2020 年 1 月 31 日

## 电影 3：《情到自然明》

## 所谓教育，不过如此

　　一部讨论家庭关系和邻里关系的电影，却不经意间说出了对教育颇有启迪的几条"金句"。所谓教育，不过如此……

　　失去妻子多年的奥伦·李特尔是一位成功且有个性的房产经纪人。说他成功，是因为他靠自己那副"毒舌"的好口才为自己赢得了开豪车、做房东的生活；说他有个性，不如说他过于脾气暴躁、尖酸刻薄、睚眦必报，以致跟邻居们时常闹矛盾，即使连小狗进入他家的花园他都要用油漆枪"报复"一次而后快。最不能让人容忍的，是他对自己的亲生儿子卢克，也是寡情少义，甚至在卢克即将入狱服刑时，依然表现出事不关己的冷淡。只是，内心深处，他一直思念着自己逝去多年的妻子莎拉。

　　受够了奥伦臭脾气的邻居中，有一位过气的单身歌手丽娅，她总是深陷对死去丈夫的深深怀念之中，并且常常对自己的演唱不够自信。她为人正直、率真，经常和奥伦理论，为邻居和卢克发声。

　　不管从哪个方面说，这两个人都像是"两条路上跑的车"，很难有心灵的交集。

　　不是冤家不聚头，变化发生在两件小事上。

　　第一件事：卢克入狱前，走投无路之下，不顾奥伦的反对，把自己单独带在身边的女儿硬是"塞"给了奥伦。为了纪念母亲，卢克给自己的女儿起名莎拉。所以，当奥伦第一次见到这个自己并不准备接受更不喜欢的孙女，却听到她也叫莎拉时，他的心还是轻轻震荡了一下，心底里仿佛升腾起一些难以言说的东西。奥伦很忙，又没有照顾女孩子的经验，所以，只能求助于丽娅。而天真、纯洁的莎拉，一下子成了奥伦和丽娅、其他邻居情感的黏合剂。奥伦冰冻的心开始慢慢融化，对卢克被冤枉入狱的案件也开始聘请律师进行申诉。

第二件事：有一次奥伦无意走进丽娅驻唱的酒吧，一下子就被她的歌声吸引，对下一步她改变歌路、拓展事业提出了颇具专业化的建议，并通过朋友的帮助，让丽娅重新找到了自信。

就这样，两个60多岁的老人在生命的黄昏时分慢慢靠近，他们都告别了昨天的自己，走进了新的恋情。与此同时，奥伦与儿子、邻居的关系也得以修复，甚至还在另外一个邻居太太突然分娩的时刻，不顾一切实施了抢救。

昔日充满冷漠、吵闹的住宅楼变成了温情脉脉的大家庭，原来准备搬走的奥伦也和家人一同住在了这里……

这一切，都恰是最好的安排，就正如片名——情到自然明。

这是一部讨论家庭伦理的亲情片，也是一部展现社会交往的友情片，还是一部追问老年人情感的爱情片。所谓情到自然明，其实不单指哪一种情感，而是代表了人类所有最自然、最美好的情感。看完这部片子，我竟然喜欢上了这些有缺点的可爱的"角色"，连电影中不时出现的插曲，也觉得毫无违和感，相反觉得确实好听。甚至，心下还隐隐期盼：要是能和这些人做邻居，多好！

从我个人的角度看，这部电影最打动我、给我启迪的，其实是经由"毒舌"奥伦嘴里不经意"喷"出来的台词。

**"你喜欢把勒索当贷款，把绑架当聚会。"**这句台词出现在邻居们对奥伦的自私、暴躁并且出言不逊表示抗议时，奥伦给出的回答。意思是他不过是说出了真相，没有必要用语词粉饰太平。人是需要交往的动物，交往就需要语言。语言更是教师的基本功，是学校教育的重要渠道。但是教育是本真、向真、求真的事业，环顾四周，审视当下，是不是确实有一些学校、一些教师依然热衷于用空洞、动听的语词掩盖自己内容与本质的虚弱与不足？不能正视现实、不能直面问题，满足于以己昏昏，甚至浮躁虚华，只会与教育的本真精神越来越远。

"我曾经试着养过一个孩子，结果是个混球。"这句台词出现在卢克告诉奥伦自己要去服刑，请父亲代为照顾莎拉遭拒，特别向奥伦强调莎拉是自己家孩子的时候，奥伦既伤感又带有恨铁不成钢情绪的回应。天底下哪有父母不望子成龙？奥伦对卢克的失望并不是从那天开始的，而是对儿子从小就不求上进，乃至在母亲葬礼上因嗑药过多而滚下山坡的失望与痛恨。然而后来卢克改变了，甚至甘心忍受冤屈前去服刑。这一桥段说明，任何孩子的成长都需要一个过程，做父母的也好，做教师的也好，一定要处理好"期望值"与"现实度"的关系，要经得起等待，甚至经得起对孩子成长的"忍耐"。当然，如果孩子真的辜负了自己的养育，成了"混球"，我们要反躬自问两个小问题：第一，作为父母和教师，自己就没有责任吗？第二，父母、教师眼里的"混球"，真的就是"混球"吗？这让我想起以前写过的一篇文章——《你以为你理解的就是你理解的？》（收录在《思维影响教育》一书，华东师范大学出版社，2019年版）。

"比我希望的少，比我预料的多。"这句台词出现在因奥伦的处事不当导致丽娅非常生气，他想尽办法请求她的原谅，终于使得丽娅有所松动，初步挽救了"危局"时，奥伦的由衷感叹。甚至在丽娅笑言奥伦"我觉得你就是一头蠢猪"时，他依然自嘲地说，"至少比混蛋进步了"。我们做父母、做教师，常常会发现，自己付出了那么多，可是总是收效甚微，甚至是"播下的是龙种，收获的是跳蚤"，事与愿违。这个时候，需要改变的，我觉得首先不是孩子，也不是学生，而是我们自己。固然要对孩子的成长充满希望、充满信心；还要对成长的复杂性、反复性、曲折性有清醒的认知和足够的心理准备；而在经历曲折、挫折乃至失败之后，还要有正确的评价和态度。所谓孩子的进步，并不是一口吃成一个大胖子，更多的是"吃一堑，长一智"，甚至"吃一堑"之后哪怕"不长智"，只要"不退智"就好。学会乐观地看待教育，发展地看待人的成长，本身就是一种成长。

作家阿来说过，所谓进步与成长，不过是要求一个人，善于打破自己心中的那座"旧房子"，然后结合现实与自己的经验，去建构属于自己的"新房子"。一部电影，几句简单的台词，如果能够帮助我们打破自己思维和习惯的"旧房子"，那么，我们就有可能和学生、孩子一起，去建造更加真实、更加美好、更值得去付出的"新房子"。

顺便说一句，这部电影的原名叫作——*And so it goes*，直译的话就是——不过如此。其实，我更喜欢原名，因为所谓生活，本就"不过如此"，而所谓教育，也"不过如此"……

2020 年 2 月 1 日

## 电影4:《英俊少年》

## 你就是阳光

一部关于阳光少年的老电影，穿越数十年岁月，依然在心底里时常响起美好的旋律。对于教师而言，每个孩子都应该是那个充满阳光气息的"英俊少年"……

宅家抗疫的日子里，我几乎"垄断"了电视机的遥控器，一来是为了方便密切关注各种动态；二来是可以在众多的电视频道中，找出一两个适合的节目。

终于，在回看央视6套1月26日深夜节目时，我好奇地点开一个叫"鼠来宝"的影片，怎么也没有想到，点出来的竟然是40年前看过的《英俊少年》。

上世纪70年代末80年代初，伴随着国门一步步打开，刚上初中的我们看了不少外国电影。新奇的异国风光、精彩的故事演绎，加之童自荣、乔榛、丁建华等天衣无缝的配音，真的是带给我们一次又一次独特的美好享受。

当然，除了享受影片本身，现在看起来，这些外国电影还在一定程度上对当时我们这些乡下的中学生进行了中西文化比较的知识启蒙。一晃40年过去了，很多当年看过的外国电影许久都未曾记起。但是，不管什么时候，只要有人提及，那些尘封的记忆就会立刻穿越岁月的烟云，在脑海中再次浮现。遗憾的是，很多当年几乎倒背如流的电影情节，到现在往往只剩下些许的片段记忆，甚至是零散的碎片。但奇怪的是，人脑真是一个非常有选择性的器官，有的电影我们是记住了人物，比如《瓦尔特保卫萨拉热窝》；有的电影我们是记住了画面，比如《佐罗》里那个胖子兵因裤子绽缝而露出来的大屁股……唯有一部电影，我们是通过其中的插曲记住了电影名字，乃至到了今天，依然在休息或者开车时，不经意地从自己的鼻腔中哼唱出来："小小少年，很少烦恼"，这，就是《英俊少年》。

事实上，40年过去了，除了记得这首歌曲，记得隐隐约约有个很漂亮的小男孩，我对这部电影几乎已经了无印象。所以，当无意间发现这部电影之后，我竟然像看一部新电影一样看完了全片，一直看到了夜里12点。看完之后还一鼓作气地在网上搜索，以了解更多有关影片的信息。

先说故事梗概。少年海因切，是德国一个普通人家的孩子，母亲早逝，和父亲相依为命长大。海因切有一个实业家外公，外公迁怒于女婿的门不当户不对，甚至导致爱女早逝，一直拒绝承认这个外孙。事情的转机出现在海因切的父亲因受人陷害被人诬告贪污入狱之际，无所依靠的海因切只能去投靠外公。善良、诚实、乐观向上并且很会唱歌的海因切不仅赢得了外公家管家、保姆、花匠、厨娘等的喜爱，也慢慢融化了外公冰封的心。一个偶然的机会，海因切听到了陷害父亲的坏人的对话，便一路追踪，到了法国的尼斯和戛纳，终于将坏人绳之以法，洗清父亲的冤情，父子得以团圆，外公也与海因切的父亲冰释前嫌，一家人过上了其乐融融的生活。

说实话，40年之后重温这部电影，我有点怀疑自己，这部电影很平常啊，故事属于合家欢型的，也没有什么大牌演员。究竟是什么原因，让我们记住了它，并且一记就是40年？认真想来，至少有以下三个关键因素。

第一，电影中的歌曲。如果不是这次重看，我只会记住电影中的三首插曲：第一首，电影开头，海因切一大早出门给爸爸买早饭，还买了一束花，边走边唱——"小小少年，很少烦恼，眼望四周阳光照。小小少年，很少烦恼，但愿永远这样好。一年一年时间飞跑，小小少年转眼高，随着年龄由小变大，他的烦恼增加了……"真是"初听不知曲中意，再听早已头飞雪"！第二首，是海因切和爸爸一起逛游乐场，在一个类似于今天的公共卡拉OK

的帐篷里，唱的《两颗小星星》——"辽阔的天空上，有两颗小星星，小星星陪伴我，去远征，去远征……有个夜晚，我曾问你，能不能永远陪在我身边，你说，'我的孩子，我愿意'"。第三首，是海因切在外公家，和保姆奶奶共同回忆他的母亲，唱了母亲当年最喜欢的歌《最后的玫瑰》——"我在落叶飘零的花园里，看到一支最后的玫瑰……百花已经凋谢枯萎，只有我们的花园里，剩下一支最后的玫瑰"。说真的，当初电影虽也看过几遍，可是对后面这两首歌除了记得简单的旋律，觉得《两颗小星星》比较热烈、畅达，《最后的玫瑰》比较舒缓、深沉外，都没有前面那首《小小少年》印象深刻，毕竟少年如我们，根本就听不懂外语。

后来不知道是沈小岑，还是成方圆，唱了中文版，大家才有一句没一句地跟着哼起来。这次再看，竟发现除了这三首，原来还有两首插曲，不仅好听，而且在情节推演中起到了非常重要的媒介与烘托作用。其中一首出现在海因切第一次住到外公家时，他因为思念未曾见过面的母亲和被冤枉的父亲，而独自吟唱："你可知道我的童年，是多么孤单、凄凉，我夜夜盼望你来，在我床边唱歌催眠……一年年的秋雨寒风，吹走了我童年的梦，虽然你在那无人知晓的远方，可你的歌声依然萦回在我的耳旁"，把主人公小小少年那颗孤单却温暖、坚强的心表现得跃然于旋律之中。还有一首是在电影最后，一家人终于大团圆，海因切坐在亲人之间引吭歌唱："生活中有这么多烦恼，我从未料到。是你的爱，你的忠诚，使一切变得美好；是你的爱，你的忠诚，使我幸福、欢笑。"感谢这一次重温，让我在影片的最后听到了这首温暖、辽远的歌，这真是一首点题的歌曲，生活的秘密不就是爱和忠诚？这真是一首首尾呼应的歌，有了爱，有了忠诚，"小小少年"不仅会转眼长高，而且不会惧怕"一年一年，时间飞跑"……

第二，电影中的人。除了那个银行家的儿子是坏人，影片中的每一个人都显得那么善良、友好，在普通人身上闪烁着正直、正义的光芒：海因切的父亲，含辛茹苦培养出了一个有教养、有能力的阳光少年；老外公，其实是一个典型的刀子嘴豆腐心的人；而老保姆、老花匠、卖唱片的老板，乃至在尼斯酒店遇到的小服务员和看守所的老警察，他们的善良友爱，不仅推动着情节的发展，更是组成了一个温暖的人际大家庭，给人留下了一幅又一幅难忘的画面。所以，即使过去这么多年，即使现在这部电影的画面有些许泛黄，可是依然不能阻挡我对它的喜爱。它叙说的其实是人类的共同情感——爱，在任何国家、任何地方，都足以唤起所有人的由衷共鸣。

在看了这部电影大概四五年后的 1986 年——国际和平年，当百十位歌星齐唱《让世界充满爱》时，我脑子里浮现的还是《英俊少年》里的镜头，响起的还是《英俊少年》里的旋律。

第三，海因切这个英俊少年。其实，海因切长什么样，已经完全不重要了。他从小和父亲相依为命，却自信、自强，懂得关爱和感恩；他是一个善解人意、很会照顾人的"小大人"，也是一个爱说、爱玩、爱唱歌的小小少年；他很需要钱，却在捡到钱包时不为所动；他没有钱，却在需要挺身而出时宁可用最珍惜的母亲留下来的信物去换急需的去法国抓坏人的 200 马克。在一家团圆之际，他依然没有忘记跟外公借 200 马克，去向那个唱片老板赎回自己的挂件，以至于连老板都不相信，这个孩子竟然还会来还钱……无疑，海因切的成长之路是孤单的，甚至是凄苦的，他多少次在心底呼唤爱，呼唤真诚。幸运的是，苦难的生活把他培养成了一个真正有爱且诚实的人。亲人、友人乃至路人的爱与真诚，给了海因切生活的阳光，而带着诚实与爱，海因切又改变了周围人的生活！

说到这里，顺便要卖弄一下刚刚在网上查到的资料：这部电影，德文原名叫《海因切——重见阳光》。我想，从情节转换、故事流转角度看，似乎叫《重见阳光》更符合原意，但看了这部电影，我们就会知道，海因切并不仅仅重见了亲人团圆的阳光，他也给所有人带来了阳光，或者，他本来就是一缕温暖的阳光。这样看来，翻译成"英俊少年"更能深化影片的内涵。当然，今天看来，要是翻译成"阳光少年"，会不会更好？

一部电影的歌曲，能让我们记忆 40 年；一部电影的温情，能让我们记忆 40 年。但是，一部电影关于爱和真诚，关于成长和生活的话题，却总是像翻不完的日历，常翻常新。

40 年后，当年的主人公和银幕下看电影的我们，都已不再是少年，但是，我们依然会面对一代又一代带着孤独、迷茫、凄苦诘问生活的少年们。

站在教育的角度看《英俊少年》，最重要的一点，就是千万不要将教育仅仅当作对少年的给予，甚至恩赐，而是要求所有教师、家长以及社会，一起和孩子们去面对生活，迎接阳光。

更多时候，作为教师和家长，不仅要走在孩子的前面，牵着孩子的手，为孩子遮风挡雨；更要沉下身子，走在孩子的身后，感受孩子与生俱来的阳光品质，看着孩子意气风发地走在成长路上，走在阳光路上。

说到底，教育，本就是阳光的事业；

说到底，每一个英俊少年，本就是一缕温暖的阳光。

2020 年 2 月 2 日

## 电影 5:《传染病》

# 让生命教育快过疫情传播

某一天下午，友人推荐了一部 2011 年的美国电影《传染病》，让人不由联想起此刻正在爆发的新冠疫情……

看这部电影还真谈不上是一种美妙享受。一则，在 Ipad 上看，网速不够快，画面与配音也不够协调，加之看的是字幕版，理解情节对于像我这样的英语半文盲，确实很困难。尤其是这部电影出场的人物众多，涉及从世界卫生组织、美国中情局、美国疾控中心到旧金山、芝加哥、明尼苏达，乃至伦敦、东京等世界各地的各色人等，虽然朋友告诉我导演索德伯格是个名导演，另外还有几个奥斯卡大咖出演，可看到最后，也没有分清谁是谁。二则，整部电影的节奏总体比较平缓，但由于不断地有人死去，观影时的整个情绪其实是被电影情节带着往前走，一直纠结着，难以轻松。

虽然观影的感受不是很轻松、美妙，但电影的情节设计还是比较合理、流畅，"发现疫情—各方关注—加紧公关—世态万象—疫苗出现—看到曙光"这几个段落大体上还是比较清晰，观影的时候，会自觉不自觉与此时此刻我们正在遭遇的新冠肺炎产生不少的链接。

电影故事讲述的时间跨度在 140 多天左右。影片开始直接进入第二天，倒是让人有点意外。一直看到最后才明白，这是导演卖了一个"关子"。

第二天的时候，美国一个连锁酒店集团的高管从中国香港出差回来，途经芝加哥后回到明尼苏达，却莫名其妙地死亡，且上小学的儿子也未能幸免。紧接着，镜头分别介绍接下来几天的中国香港、日本东京、英国伦敦，不断出现死亡病例，而且全世界死亡病例正以几何级数倍增。这种不明来源的传染病终于引起了美国疾控中心、中情局和世界卫生组织的重视。一位医生在明尼苏达和芝加哥研究时不幸被感染，献出了宝贵的生命；一位医生被派到香港，却被当地村民和医生劫为人质，以图换回疫苗；一位医生为了尽快研究出疫苗，不惜在自己身上展开疫苗试验。当然，影片中对人们的恐慌、无助，食品短缺、芝加哥封城、少数自媒体散布谣言牟取利益等也有一定的描述。甚至还加进了连翘能够治病的骗人的桥段（朋友在推荐我看这部电影时，讲的一个理由，就是把影片中的连翘和前两天我们这里传出来的双黄连做了一个对比，引起了我的好奇）。总的基调，还是表现了医务工作者和科研人员的责任担当，以及普通百姓对家庭、亲情的珍视与捍卫。

时间就这样推移到了 140 多天之后，世界各地终于等来了疫苗，人类终于走出了这一次传染病的危机。就在这个时候，镜头忽然切换到了一个原始森林，一台挖掘机打破了森林的宁静，一群蝙蝠受惊而四处乱飞，一块烂香蕉掉落了香港的一个养猪场。一头猪被拉到了酒店，酒店大厨将它做成了可口的烤乳猪。而影片开头，第一个出现的那个来自明尼苏达的酒店高管，也许是因为烤乳猪的味道确实可口，坚持要与大厨握手致谢……

电影在这个时候，终于打出了"第一天"几个字，而我们也明白了，这其实是一部用倒叙手法拍摄的电影。

电影结束了，但由于我们正身处疫情之下，不禁让人感叹，这部十年前的电影，似乎就是一部充满诡异腔调的"神预言"，因而，无可避免地在我的内心激起了阵阵涟漪：

第一，生命很脆弱，整个人类的未来都充满了强烈的不确定性。我们不知道，灾难到底在哪一个早上，就快于时钟的报时，先来到我们身边。

第二，在疫情面前，没有人可以例外，每个人都必须积极面对。也许有人会借机追求自身利益最大化。作为普罗大众，我们选择等待什么？真相。我们选择相信什么？真相。

第三，没有无缘无故的传染病，即使病毒来自大自然的蝙蝠或其他什么，人类自以为是的生活方式和对大自然的日益轻慢和侵害，也许是病毒传染之源。该用多少无辜的生命，去唤醒那一个个侵害自然者麻木的灵魂？

第四，当危机来临，我们需要有担当，来保护我们的家人，更盼望有英雄来拯救陷于无助乃至绝望的我们。而在疫情到来时，医生就是我们的英雄，科研人员就是我们的希望。

想到这里，我不自觉地又将思绪拉回到我的职业——教育上来。这次新冠疫情，幸亏是发生在寒假期间，要是在平时上学的时候，我担心，我们受感染的面会不会更大，我们的孩子们会不会受到更大的侵害？

现在，疫情形势依然严峻，而新学期，虽经延迟，也要开学了。我们因寒假，躲过了疫情在校园的大爆发，那么新学期，我们怎样防止疫情在校园里的传播？更为重要的是，我们能否举一反三，在打好抗击疫情阻击战的同时，在维护学生生命安全、促进学生健康发展方面，交出一份让社会安心，让自己问心无愧的答卷？

都说灾难是最好的老师，想想确实如此。2003 年"非典"，让我们对学生的头疼发热特别敏感；2008 年汶川地震，让我们对学生逃生避难格外重视；而前几年福建、贵州等地发生的学生群体性伤害事件让我们的校园安保、食堂食品卫生又上了几个大台阶。

但是，学校安全，预防为主，防患于未然，首要在一个"防"字，因此，为了走向更主动、更可持续的学校安全教育和实践，我们要从以下三个方面努力。

第一，要走出"就安全抓安全"的惯性思维，立足生命，围绕生命，建构全面、系统的安全教育、防范和自护课程。以人为中心，将与生命安全有关的方方面面，有机整合起来，确保相关课程进课表、进课堂。

第二，要走出"就学校抓学校安全"的惯性思维，整合消防、安监、医疗、防疫等方方面面的力量，让学生有时间走到安监现场，让专业人员有机会走到课堂中，让孩子和家长共同受教育，让社区和学校共同担责任。事实上，一直以来，我们学校也会开展一系列安全演练，但是，无论是频率还是影响力都还远远不够，方方面面的参与度更加不够。凡事预则立，我们要善于做好取舍工作，坚持生命安全大于天，将那些貌似高大上，其实假大空的种种形式主义"进校园"活动赶出校园，让师生确实需要，又实在欠缺的生命课程真正在校园生根、开花。

第三，要走出"就当下抓安全"的惯性思维，在人才培养上，立足长远，善于引导学生一方面根据自身的兴趣与特长，一方面聚焦社会和未来的需要，去选择自己将要学习的学科，去选择自己将要从事的职业。只有将来培养出更多的"钟南山"，才会让我们在遭遇下一次传染病时，更有底气，更有办法。这实际上是一个学生、一个家庭、一个社会人才观、价值观的问题，如果我们的学生都一股脑儿地去学金融，一阵风地去当流量明星，这实际上是一种极其短见的选择。

《传染病》这部电影，只是填补了我一个多小时的时间空白；而一场叫作新冠肺炎的考验，却要求每一个人用行动去回答来自生命最深处的诘问。

就要开学了，校园里又将充满生命活力。我们所要做的，是让生命教育快过所有疫情传播和灾害降临的速度，要将这种生命的活力一直传递到未来……

2020 年 2 月 3 日

# 电影6:《小森林》

## 回去时寻找，出发时珍藏

一部由动漫改编的日本电影《小森林》，在美景、美食之外，更探讨了人生"出发与回归"的主题，作为教育人，我们能获得哪些启迪？

莎士比亚戏剧中有句至今振聋发聩的台词："生存还是死亡，这是一个问题。"对于我等芸芸众生，未必总是要面对生死抉择，但是毫无疑问，我们无时无刻不在面对一个如影随形般存在的问题——"回去还是出发？"这同样是一个我们无法回避又难以回答的问题。

以此回望中国文化，以我浅陋的认知，竟是充满矛盾性的。以"回去还是出发"这样的问题为例，有一半人应该是鼓励人们走出去的——套用韩愈和孟老夫子的话，就是"道之所在，虽千万人吾往矣"；用现代人的通俗话语，就是《人在旅途》中的那句歌词："向着那梦中的地方去，错了我也不悔过。"但是，还有一半人，却是反其道而行之，鼓励人们回去——陶渊明先生的《归去来兮辞》成为古往今来多少人自我安慰的精神原乡和自我治愈的最后慰藉。

然而，回去与出发，它们的界限真的那么明晰吗？我看未必。当年汉高祖称帝，意气风发之时，唱出来的却是"威加海内兮归故乡"，这是出去了的人想回去；而"小楼一夜听春雨"的陆游，虽然一再感叹"世味年来薄似纱"，可是依然为"深巷明朝卖杏花"而辗转反侧，这何尝不是回去了的人想再出发？

由此看来，"回去还是出发"确实是伴随着世世代代中国人，并且需要每个人终其一生去做出选择，给出回答。

尤其在"不是我不明白，这世界变化快"的当下，不想出发的人，就买不起房、买不起车，上不了好学校，进不了好医院，所以，乡村越来越空了，大城市越来越挤了。

当然，不同的人想回去，心态是不一样的。"城里套路深，我要回农村"，这是因为生活的"难"而回去；每天早晨一大帮老头老太太，坐着免费公交，去乡下买便宜蔬菜，这是为了"省"而回去。至于那些发了一点小财、做了一个小官、见了一点世面、有了一点排场，时常感叹"想低调实力不允许"，并且刻意到乡村刷成就感、优越感的人，我想，大概是为了"装"而回去。这样说来，简单的"回去"两个字，其实包含了多少人生百态、世态炎凉！

然而，有一种人，他们回去，不只是因为"难"，也不只是为了"省"，更不是为了"装"，他们，更多的是为了——寻找。

日本的小众电影《小森林》，就是这样一部关于"回去"、关于"寻找"的电影。

为方便起见，我整合了网络上的一些内容，梳理出一份简要的电影介绍：由于无法融入喧嚣的大城市，年轻而又平凡的市子回到自幼生长的老家——位于日本东北地区的小森村。这里没有过多时尚文明的色彩，当地人过着日出而作、日落而息的传统生活，他们靠天吃饭，靠着双手经营人生。生活虽不富裕，心中却是满满的充实和欢喜。受妈妈影响，市子对亲手制作季节性美食有着格外浓厚的兴趣。妈妈已经失踪很久，对料理的回忆与再现成为母女间别具特色的交流方式。更何况还有取自大自然的各种食材，还有从小一起长大的朋友以及视自己如亲人的乡亲。就这样，在这个世外桃源般的小森林，市子宁静地走过了春夏秋冬，并且在一度犹豫不决、再次出走五年后，又回到家乡，真正和小森林，和小森林里人们的生活融在一起。

该片根据漫画家五十岚大介的同名人气漫画改编。真人电影版由夏秋、春冬两个部分构成。非常奇特的是，这很难称得上是一部剧情片，节奏平缓得几乎让人有难以卒看的无奈。但是，耐着性子看下去，你就会发现它的美妙之处。

这是一部镜头美妙的四季风光纪录片——夏的绿、秋的彩、冬的雪、春的明，几乎每一幅画面都可以作为手机的屏保。

这也是一部四时应景的舌尖上的美食科教片——夏天的米酒，秋天的烤鲑鱼，冬天的萝卜片，传统的野菜，就这样走进了市子的厨房，也诱发了我们的味蕾。

这更是一部追问生活、发现美好的情感片——在小森林，市子回忆起幼时母亲的"胃底之蛙"的笑谈，探寻了母亲出走的原因，收获了童年伙伴不变的陪伴，更开悟到了比母亲关于"生活只是在原地打圈圈"的观点更深刻的人生意蕴：原来，每一次生活的"打圈"，都不是停在了原地，而是呈现出了"螺旋式"的变化。

由此，在影片结束时，观众大体上可以和市子达成共识：我们之所以要回去，只是为了寻找。寻找美景，只是生活的外表；寻找美食，只是生活的寄托；寻找宁静、温暖、从小就与我们同在的温情，才是人生的真谛。

如果，一定要谈观影的真切感受，我想说四句话：

人生再不如意，至少我们还有故乡。

故乡再多偏远，至少我们还有四季。

四季再过无声，至少我们还有美食。

美食再多热烈，终难抵我们一颗感恩、知足与宁静的心。

故乡，四季，美食与宁静的心，构成了我们"回去"的所有主题，也必将会成为我们"出发"的最深刻的理由和动力。

我们还是要跳出电影带给我们的某种意义上的幻觉，走进远比电影更真实、更冷酷的生活，我们要问的是——仅有"回去"就够了吗？

我想到我们的孩子，我们的学生。他们生逢小森林消失的时代，要面对数不清的出发、再出发，如何教会他们处理好"回去"与"出发"关系的能力，帮助他们实现"回去还是出发"的平衡，是我们这些被称作教师的人，必须承担起的、远比给他们知识和分数更重要的责任和使命。

如何担当起这样的责任与使命？《小森林》没有给出答案，这也不是电影导演的分内之事。但起码，这部关于"回去还是出发"的电影，还是能够给我们这些做教师的不少借鉴与启迪。

一是即使人生再不如意，至少我们还有故乡。以教育的视角，我们可以把这里的故乡比作人生的乡愁。那么，哪怕故乡已经或者正在消失，但是我们完全可以通过建构、完善乡土课程，在中小学生成长的起跑阶段，就播种下最美好的乡愁，为每一个人的人生打下最厚实的根基，扎牢最稳重的底盘。

二是即使故乡再多偏远，至少我们还有四季。以教育的视角，我们可以把这里的四季比作生命发展的规律。那么，哪怕现代化的空调，使得"城里不知季节已变换"，但是我们完全有必要教给学生春耕夏种、秋收冬藏的道理，培养学生时空转换、与时俱进的格局与胸襟。说到底，就是帮助学生认清生命的规律、生活的规律，以及生长的规律。

三是即使四季再过无声，至少我们还有美食。以教育的视角，我们可以把这里的美食比作学生个性化的兴趣。那么，哪怕有学生不爱吃美食，我们也完全可以陪伴他、理解他，并帮助他去发展、培育自己的特长和兴趣，比如唱一首歌，观察一次蚂蚁，画一幅画，写一首诗……因为所有的教育，从根本上来说，都不过是为了发现和发展学生的兴趣。而过"一个有趣的人生"，终将成为我们对每一个孩子幸福生活的最基本，也最具形象性的期许。

四是即使美食再多热烈，终难抵我们一颗感恩、知足与宁静的心。那么，究其根本，我们建构乡土课程，我们培养学生尊重与利用规律的能力，我们与孩子去共创"一个有趣的人生"，最终不过是为了每一个成长着的生命，在他自己的人生道路上，不管遇到什么事情，都始终保有一颗感恩、知足与宁静的心。唯其如此，在他们遭遇挑战时，就不会太胆怯、害怕；在他们取得成就时，不至于太忘乎所以。更重要的，在他们哪怕平凡甚至平庸时，依然能够做到风雨不动、安然若素。

既然"回去还是出发"是每一个人每天都必须回答的问题，那么现在我们可以说：回去，是为了寻找；而出发，就需要把找回来的东西珍藏。

生存还是死亡，这是一个生命的宏大问题；

回去还是出发，这是一个生活的基本抉择。

电影中，市子找到了属于她的小森林。而我们，一样可以帮助每一名学生，也找到属于他们自己的小森林。

只要我们能够做到——在回去时寻找，在出发时珍藏……

2020 年 2 月 4 日

## 穿过生活的假象，抵达幸福的本相

一块石头引发的血案，一部与寄生虫传染病全然无关的电影，会在今天引发什么样的思考？

今天，我想说说韩国首部获戛纳电影节金棕榈大奖的电影《寄生虫》。

想说是一回事，如何说又是一回事。因为这还真不是一部几句话能说得清楚的电影。影片绝无刻意制造的噱头与过于反转的情节，非常自然的叙述与几乎纪实的镜头，让我在观影过程中差点忘记了时间。但是，观影之后，我突然发现，关于这部电影，竟然无从说起。

当朋友给我推荐这部影片时，我"顾名思义"，以为这又是一部应景当下新冠疫情的科幻片，可是看到后来，才发现电影讲的"寄生虫"与传染病、疫情毫无关联，导演只是借用这样一个概念，去指代现实生活中"寄生"在种种表象下的各色人等，不管是穷人，还是富人，不管是看上去的"好人"，还是"坏人"。

两个多小时的电影在前 100 分钟，一直以一种轻松甚至有点幽默的气氛往前推进，有时候，作为观众，还会不由自主地为主人公一家某些不道德的行为生发出某种下意识的"喝彩"。可是，就在你认为这是一部充满黑色讽刺的幽默片的时候，镜头一摇，立刻又链接上意想不到的丛林竞争与激情杀人，影片一下子又变成了一部既充满批判又凝结深刻人文关怀的悲剧片。

那么，这到底是一部什么样的电影呢？还记得 20 年前陈凯歌拍的《无极》吧？您是否还记得网友们给这部影片起的一个颇具无厘头色彩的名字"一只馒头引发的血案"。对了，如果用一句话概括这部《寄生虫》，我想也可以说是"一块石头引发的血案"。只是，这一次血案，比起《无极》中故弄玄虚的血案，要来得更加现实、刺目，更加令人窒息，更加发人深省。

四次高考落榜的无业青年基宇一家，寄居在繁华城市中蟑螂横行、气味难闻，连上网都没有信号的地下室里。因为经济下行，原来经营的实体店无奈倒闭，基宇的父亲、母亲与妹妹一家，只能蜗居在此，得过且过。

事情的转机来自一个高中同学的来访。这个同学要去国外做交换生，找不到人替代他去 IT 富豪朴社长家给他正上高二的女儿做英语家教，于是想请基宇帮忙。这个家境富裕的同学为了感谢基宇，还带来了自己爷爷收藏的一块装在小盆景里的"转运石"。其实后来我们才知道，这个已经上了大学的同学之所以请基宇而不是其他大学同学代做家教，只是因为他暗地里看上了朴社长的女儿，而让基宇去与这个女孩接触，他才会觉得放心，因为基宇家与朴社长家是如此悬殊，基宇根本不可能与富二代女孩擦出火花。

在妹妹的帮助下，基宇伪造了首尔大学毕业的相关资料，并赢得了社长夫人的信任，特别是女孩子的好感。就这样，好戏接连发生了——

先是基宇向夫人介绍了伪装美国名校毕业的妹妹——化名毫不相干的另外一个人，来做了社长儿子的绘画家教；

接着妹妹又设计让朴社长辞退了为他开车的司机，让自己的父亲又以一种假冒的身份，成为这个家新的专职司机；

再后来，父亲与妹妹一起设计，又让夫人辞退了原来的管家。很自然地，基宇的母亲又以一种假冒的身份，成为这个富裕家庭的新的管家……

就这样，原来生活在社会底层的一家人，通过一系列令人意外却又顺理成章的操作，成为依附在富豪生活之下的"寄生"一族。

就在一家人感叹"转运石"确实带来了好运的时候，在朴社长一家去野营的一个雨夜，原先被辞退的女管家的到来，赫然拉开一个惊天的暗幕：在朴社长家不为人关注的地下室里，一直躲藏着一个同样过着"寄生"生活的男人——原管家的老公。因为躲避高利贷，他已经在此度过了四年多的时光。

很自然地，基宇一家与这对夫妻为争夺在这"寄生"生活的权利，展开了你死我活的争斗。最终，基宇被这个管家的老公用"转运石"砸成脑震荡；而这个男人冲到了草坪上为朴社长儿子举行的盛大生日派对现场，杀死了基宇的妹妹；基宇的父亲，也因为朴社长在紧张关头依然表现出来的、对自己身上来自地下室的味道的习惯性不适，而失手杀死了社长……"转运石"带给基宇一家、管家一家和社长一家，毫无幸福可言，有的只是沉痛的伤害与长久的悲伤。

影片的最后，女管家死在了地下室，基宇与母亲被判了缓刑，而基宇的父亲又跑回了地下室。基宇决心赚钱，赚更多的钱。因为只有这样，他才能买下这栋别墅，一家人才能破镜重圆。但是，这一天什么时候到来？

看完这部电影，思考冰冷的现实，《寄生虫》至少在以下三个方面，对我们的生活和人生提出了深刻的警告与无情的鞭笞。

第一，所有的诚实与善良，在贫穷面前往往不堪一击。本来，基宇一家人都不是天生罪恶，他们在社会的浮沉中也曾顽强地创业、坚持，他们贫穷却也过着知足常乐、其乐融融的生活，甚至善良到老有人在他们的地下室窗前随地小便时，都不愿意与这样的人计较。就在他们用计谋夺走了原先司机和管家的工作岗位之后，电影依然在细节中表达了他们一再的内疚与不安。至于原来的女管家夫妻，也是为生活所迫的失意人，人前人后女管家表现出了足够的修养，老公更表达了对妻子的感激。但是，这样的诚实和善良，在金钱，或者机会面前，一下子变成了假象。几乎是不加考虑，基宇与自己的父母、妹妹，都分别伪造了资料、身份，成了寄居在富裕家庭的"寄生虫"，并且为了维护自己的这种令人忧心忡忡的"幸福"，不惜与女管家一家"开战"。也许，基宇母亲无意中说出来的一句话，更具有哲学的思辨性和现实的批判性："富人们不是——（虽然）有钱却很善良，而是——因为有钱所以善良。"正因为如此，这一家人哪怕用非诚信甚至非人道的手段，也要过上自己想要的幸福生活。也正因为如此，即使在基宇一家因为暴雨成灾而无家可归时，朴社长依然要求基宇的父亲为小儿子的生日做出他"工作职责内"的服务；即使在人命关天的生死关头，朴社长也依然会对基宇父亲身上来自地下室的蟑螂的味道，表现出习惯成自然的不适乃至厌恶，最终导致基宇父亲为了维护"气味"的尊严而激情杀人。

第二，"丛林法则"只是我们这个时代的"恶之花"，绝不是"恶之源"。也许是因为资源越来越有限，也许是人类从动物界进化而来的本性一直没有改变，我们这个时代，越来越视优胜劣汰、弱肉强食为理所当然。于是"大鱼吃小鱼，小鱼吃虾米，虾米吃淤泥"的"丛林法则"便成为平等竞争之类美丽辞藻包裹下的真理性存在。这样的"丛林法则"不仅撕破了穷人与穷人之间争夺急需的生存资源、向往美好生活的所有诚实、善良、忍让的面纱，让基宇一家和女管家一家拼得鱼死网破、家破人亡；而且也撕破了罩在富人脸上那最后一块风度翩翩、内外兼修、父慈子孝的"遮羞布"。影片其实使用隐喻的方式，揭示了一个铁一样的事实：朴社长作为 IT 精英的富豪生活，其实是以驱赶了基宇一家、女管家一家为代表的众多小业主的自给自足生活为代价的。在导演看来，穷人之间的"丛林争斗"固然是恶，但是恶中有悲，而贫富分化，富人对穷人的"丛林争斗"才是更大的恶，更隐形的恶。无论是穷人争斗，还是穷富对立，最终都导致了流血的残忍与生命的死亡，但所有这些都还只是"丛林法则"所展现出来的"恶之花"，只有真正消除越来越悬殊的贫富分化，才能最终消弭"恶之花"背后的"恶之源"。2014 年，法国经济学家皮凯蒂在《21 世纪资本论》中发出沉重的警告：不解决日益严重的两极分化问题，就难以消除越来越严重的社会危机和个人危机。

第三，"雪崩时，没有一片雪花是无辜的"。设身处地去观察、分析《寄生虫》中每一个人物的遭遇，除了产生深深的怜悯和兔死狐悲的同情，一定还有某种"哀其不幸，怒其不争"的无奈。每一个人一念之间的贪婪与侥幸、自以为是与想当然，最终都成为砸破他们幸福生活表象的一块块石头，换言之，每一个人最终实际上是为自己所追求的幸福生活挖好了"墓地"。正如每片雪花都不愿意承认自己是雪崩的罪魁祸首，但其实每片雪花都对雪崩负有责任。300 年前哲人伏尔泰的这一句形象比喻，真的应该激发起我们每一个活在当下的"当事人"，对社会秩序、对公共生活、对他人生存的更多责任感与更深切的理性关怀。如果您认同我上述三点认识，那么，反思我们的教育和日常的教学，我们可以做哪些点滴的改变呢？

既然"所有的诚实与善良，在贫穷面前往往不堪一击"，那么，我们就要深刻地反思学校的德育：对学生德行的培养，如何提高实效性，增强持久性。我们的德育肯定不是万能的，但是，起码我们可以做到摈弃假大空的"口号式德育"，可以拒绝形式主义作秀的"活动式德育"，让我们的诚信教育、善良教育，慢慢地如"微风潜入夜"。我们每一个人都离不开金钱，都渴望富裕，但是，起码我们可以让学生知道，这世界上除了金钱，其实还有一种富裕——精神愉悦与生命尊严，这才是人生最宝贵的财富；我们还可以让学生知道，只有靠劳动赢得的财富才会更加踏实、更加持久，无论怎么说，"君子爱财"，必须"取之有道"。

既然"丛林法则"只是我们这个时代的"恶之花"，绝不是"恶之源"，那么我们就必须从一开始就告诉学生，这个世界上除了竞争，除了自我奋斗，还有"公平""正义"，还有"法纪""规则"的准绳；生活里除了自己、家人和我们所爱的人，还有一群跟我们一样追求自己幸福的"他人"，还有一种叫"舍得，有舍才有得"的生活辩证法，我们应该努力走出残酷的人性丛林，共同创造一个既"独善其身"又"兼济天下"的和谐生活的绿色森林。

既然"雪崩时，没有一片雪花是无辜的"，那么除了在日常教育教学中加强责任担当教育，我们更要以身作则，努力在学生面前树立起自己"讲责任、做表率"的师表形象，以自己的率先垂范，在学生成长的旅途中，在他们人生价值观、世界观形成的关键时刻，帮助学生校正生命罗盘，走向一条负责任的人生之路。当然，这样做很困难，而且即使我们这样做了，也未必能保证效果，但是，我们依然要去做。郭小川先生不是写过那句著名的诗吗——只要在秋霜里结好你的果子，又何必在春花面前害羞？

当下的人们，其实何尝不是寄生在一系列我们看得见、看不见的欲望与假象之下的"寄生虫"？我们每个人都追求属于自己的幸福，但是，如果我们走不出这"寄生虫"般"蒙着面纱"的生活，就不可能真正实现自己人生的幸福。

幸福本来很朴实，秘密也许就是：穿过生活的假象，直抵幸福的本相。

2020 年 2 月 6 日

## 电影 8：《造物弄人》

# 你这"恼人"的"天"性

一本伟大的著作，背后是达尔文精神与生活的炼狱；一场关于儿童天性、儿童教育的争论，寄托的是一线教师更踏实、自信的行走……

今天，我看了一部拍摄于 2009 年以查尔斯·达尔文为传主的影片《造物弄人》。2009 年，是这位伟大的科学家诞辰 200 周年，是《物种起源》这部伟大的著作出版 150 周年。

电影没有完整的故事线，只是重点介绍了达尔文写作《物种起源》前后的生活，要想整体概括剧情还真的比较难——在一个美丽宁静的英国乡村，达尔文与妻子、孩子一起过着恬静的生活。他的进化论研究倾向于"杀死上帝"，但其妻子，其实也是表姐艾玛（他们是近亲结婚）却笃信上帝，并不太认同他的理论，然而这并不影响他们夫妻恩爱。他还有一个十分宠爱的大女儿安妮，虽只有十岁，却从小接受了进化论思想，对生物学很有兴趣，还曾因为坚持进化论观点，与牧师起过冲突。安妮，实际上已经成为达尔文继续进化论研究的坚定支持者与重要的精神支柱。

但平静的生活被打破了，安妮不幸早亡。在一次海滩旅行中，安妮不慎着凉，得了重病，达尔文将她带去接受水疗却没有成功。安妮的去世让他非常悲痛，近亲结婚以图优生优育试验的失败又让他非常内疚，强行带安妮去水疗，最后导致女儿死亡，更让他有一种难以解脱的负罪感。恰恰此时，坚定的进化论坚持者胡克、郝胥黎对他的不断催促，又进一步让他左右为难。

这一切，终于导致达尔文精神失常。他去求上帝，上帝并不能给他安慰；身为牧师的好友与他决裂，志同道合的艾玛更是抵制、谴责他的研究……几近众叛亲离的达尔文甚至出现了幻听与幻觉。对安妮的思念充满了他的世界：蝎子爬到了安妮的照片里，安妮在福尔马林水里喊着爸爸，安妮粉红色的连衣裙在雾霾的巷子尽头消失……他痛苦不堪，又开始进行水疗，但是，收效甚微。

最后改变达尔文困境的还是艾玛，他们大吵一架之后，终于认识到时光回不去了，艾玛选择：即使是明天，我还是会嫁给你。

当然，作为朋友，也是重要的进化论理论的发现者华莱士，同样给了他坚定的支持。他把"生病"的达尔文从床上拖起，也切断了达尔文的犹豫不决。他告诉达尔文："是的，你是有无数的敌人，但是你要知道，你还有朋友！"

达尔文终于振作起来，他开始给孩子们讲故事，也开始了新的研究与写作。

终于，《物种起源》完成了。达尔文将书稿交给妻子艾玛处置，这位纯正的基督徒说了一句"愿上帝宽恕我们"，让达尔文将书稿寄给出版社出版。信仰的坚持与妥协、爱情的坚守与包容，对过往生活的回忆与反思，一切的一切，都融汇在这句轻轻的话语里。

达尔文寄走了书稿，电影也接近尾声。最终的画面很有意思：达尔文和女儿背朝我们，走在回家的路上。画面平和，音乐安详。尽管，这本寄走的著作将在人类科学史、思想史、生活史上引起巨大的革命，但此刻，达尔文只是一位丈夫、一位父亲……

把热闹留给世界，我自有我的归处。

奥地利作家茨威格，曾以一句"人类群星闪耀"来表达对影响甚至改变历史的人的赞赏与敬意。毫无疑问，达尔文也是一颗闪耀的星星。可是，在《造物弄人》中，我们却发现星光也有黯淡时：一个沉湎于悲伤，同时被精神失常和幻听幻觉折磨的人，是怎样为历史的天空投射出了属于自己的那一束耀眼"光线"？也许正应了曹雪芹的那句话："都云作者痴，谁解其中味"……

这样说来，这部电影，与其说是一部人物传记片，不如说是一部生活励志片，或者是家庭亲情片。

整部电影，到底在"造化弄人"还是"人定胜天"的拔河中选择了哪一方呢？我想，答案也许并不那么单一。达尔文坚持自然选择，提出了进化论，可是最终还是坚持了信仰选择，紧紧依恋于艾玛身边；艾玛是虔诚的上帝论者，却还是同意把《物种起源》交给出版社。这让我特别好奇，影片的导演，到底是一个"滑头"，还是一个具有深刻见解的"妥协论"者呢？

这不禁让我想起季羡林先生。在世纪之交的1999年、2000年、2001年左右（很巧，先生正逝世于2009年），先生作了许多次关于21世纪文化展望的讲话，其主要思想是：一方面，他不相信真有所谓的"造物主"；另一方面，他也深刻反思了"征服自然""人定胜天"理念下，人类与自然万物为敌产生的种种弊端以及大自然对人类的惩罚。所以，先生"切盼到了21世纪能有所改变，能改恶向善"，而要做到这一点，必须以东方"天人合一"的思想，"济西方思想之穷"，也就是说，"人类必须同大自然为友，双方互相了解，增进友谊，然后再伸手向大自然要衣、要食，要住、要行。只有这样，人类才能避免现在面临的这一灾难"。

以先生的观点观《造物弄人》的主题，不正是既尊重万物的规律，又尽人事、天行健的"天人合一"吗？这样看来，导演还真是用心良苦，既不是"滑头"，也不是"妥协"，而是——均衡。因为真正"弄人"的，不是上帝，不是"万物"，是对规律的漠视，是对人类生活准则的践踏。

将"天人合一"的思想应用于教育，特别是儿童教育，我想，起码有三个关节点：

一是"天"，必须回答天赋于教育和教育者的根本使命，和相当于"天条"的教育规律；

二是"人"，必须回答儿童到底是什么样的人，又将要成为什么样的人；

三是"合"，就是要做到既合"天"，又合"人"，既遵循规律，又激发主体创造性，将教育的"天条"与"人"的需要与可能结合起来，让每一个孩子都走出一条属于自己的人生之路。

说起儿童，说到童年，大诗人、大作家们总是不惜赞美之词，我们芸芸众生也在柴米油盐之余不时回望"时光一去永不回"的童年时光。人们把儿童比作天使，美国作家斯托达德在《孩子们的祈祷》中说过："儿童是进入天堂的钥匙。"而《追风筝的人》的主角阿米尔则呼吁人们："赞美童年吧，它在我们尘世的艰难中带来了天堂的美妙。"

从教育的意义，从教师的视角，到底怎么认识儿童，怎么进行儿童教育呢？这就不能不引出当下炙手可热的一个理念——"尊重儿童的天性"，或者"一切从儿童的天性出发"。

从逻辑推理角度看，这句话没有任何毛病，既然儿童是进入天堂的"钥匙"，理所当然就是具有"天"性的人。可关键在于，我们对"天"性如何认识、如何把握。

对于这个问题，不要说一线教师之间，就是大教育家们也是有争议的。

很长一段时间里，英国著名哲学家、教育家洛克的儿童观几乎成为教育人的经典。他指出，儿童生来犹如一块"白板"，是有待完善的人，必须加强对儿童有意识、有计划、有体系的教育。他指出"儿童恐惧的重要基础既然是痛苦，锻炼儿童使他们不恐惧、不怕危险的方法就是使他们受惯痛苦"。而更早的古希腊哲学家德谟克利特则明确提出："如果儿童让自己任意地不论去做什么而不去劳动，他们就既学不会文学，也学不会音乐，也学不会体育，也学不会那保证道德达到最高峰的礼仪。"事实上，在我们国家的教育语境里，所谓的"传统教育"，就是基于"儿童是一个不完善的人"这样的"白板"理念而渐次展开的。

与洛克唱反调的是卢梭，"把儿童看作儿童"，"儿童时代决不只是成人的预备"，可以说是其儿童观的核心。卢梭批评当时的教育："我们从来没有设身处地地揣摩过孩子的心理，我们不了解他们的思想；而且由于我们始终是按照自己的理解去教育他们，所以，当我们把一系列的真理告诉他们的时候，也跟着在他们的头脑中灌入了许多荒唐和谬误的东西。"

后来居上的杜威，则进一步呼吁："儿童是起点，是中心，而且是目的。

儿童的发展、儿童的生长，就是理想所在。"所以，必须"特别重视儿童的自我成长"，因为"儿童自身具有向上生长的能力"。

平心而论，卢梭、杜威的理论，是对传统教育理论体系的重大贡献，也足以用来批评、反思和改进传统教育的弊端。但是，洛克、德谟克利特也好，卢梭、杜威也罢，他们的理论不是相互取代、战胜的关系，而是彼此互补、超越的关系。教育不是去饭店吃饭点菜，可以随时改换菜系、菜品。以一种观点刻意取代另一种观点，以一种行为取代另一种行为，在教育理论上有失偏颇，在教育实践上也会得不偿失。我们必须看到，在当下我国的教育语境中，有一些人动不动就打着卢梭、杜威的旗号，以尊重儿童"天性"为名，全面否定传统教育中的知识学习，急于求成地片面兜售所谓"游戏化""活动性"学习，并以此判断学校和教师的进步与落后。在他们眼中，传统教育几乎一无是处。其结果，准确地说，其破坏性的结果是，很多约定俗成或者行之有效的儿童学习活动，一概被所谓的"游戏化"取代。

可问题是，连教育大家们都争论不休的问题，是谁给了这些"专家"学术自信和"专制"的勇气？

为此，我们必须进一步思考两个相互关联的问题：

第一，难道洛克、德谟克利特与卢梭、杜威之间真的就水火不容、针锋相对吗？显然不是，以我的浅见，他们只不过是观察、思考问题的角度不同而已：洛克强调的是儿童的成长性，离不开成人有意识的教化、引领；而杜威强调的则是儿童的自主性，提醒家长和教育者不要过分干预儿童的学习和成长。二者之间的相通之处，根本就在于，要在尊重儿童、适合儿童的基础上，实行引导儿童、激发儿童的教育。

第二，难道儿童的"天"性从来都是单一的，或者一成不变的吗？在中国文化的先行者那里，关于天、关于天性的理解其实是多角度、多内涵的。老子认为"天地不仁，以万物为刍狗"，这里，"天"是无意志的；孔子提出"天何言哉，四时行焉，百物生焉，天何言哉"，却有了思想与情感；而孟子则更进一步提出"天将降大任于斯人也"，大开"性善论"之风气；至于荀子，却反其道而行之，提出"人之性恶，其善者伪"……如果抛开这些各执一词、争论不休的思想史"公案"，起码我们可以得出一个结论：从古至今，其实就没有什么关于"天性"的独霸武林的单一解释，所谓的"天性"，不过就是人之为人的各种基本要素的综合。这天性还常常因人而异，更受到所处环境的变化而各有变化。

如果上述观点成立，那么以此延及儿童"天"性，应该也是人之为人的各种基本要素的结合，也该因人、因环境而有差异。没有人在儿童天性问题上具有最后的裁决权，突出某一点，而忽略某一点。对这个问题的认识，关涉的不仅仅是教育发展的大方向，更是每一个教师每一天的具体实践，比如，很显然，儿童的自主性是天性之一，决定了我们必须理解儿童兴趣、激发儿童好奇、鼓励儿童尝试；儿童的不完善性也是天性之一，决定了我们必须实施有层次、有计划、有系统的教育。如此看来，传统教育与现代教育绝非不可跨越的"卡夫丁峡谷"，而是有着内在相通性的超越与迭代。也许正是在这个意义上，我们才会更深刻地认识夸美纽斯建议的真理性，他说，"用语言、事物表扬，用警告、训斥、惩罚及对特殊的个别的过错采用体罚，以有教益的惩罚制度"，即"持以坦白的态度，出以诚恳的目的"，"使儿童理解这样做是对他有好处的，正如吃苦药治病一样"。我们也才会更深刻地体会林格伦的用心良苦，他说："儿童需要管教和指导，这是真的，但是如果他们无时无刻和处处事事都在管教和指导之下，是不大可能学会自制和自我指导的。"说到底，也正是苏霍姆林斯基教导我们的："儿童的时间应当安排满种种吸引人的活动，做到既能发展他的思维，丰富他的知识和能力，同时又不损害童年时代的兴趣。"真理总是朴素的，不是吗？

如此说来，我们似乎可以回到前面提到的关于"天人合一"教育的三个关节点，给出我们自己的答案，进而指导我们自己的行动：

儿童教育的"天"，学校和教师的根本使命是什么——让儿童成为儿童，让儿童成为他自己，陪伴并引领儿童走向自己的成长。

儿童教育中的"人"，我们教师眼中的儿童到底是具有什么样"天"性的人——他们既是不太完善的人，又是具有自我经验、自主意识的人，更是通过学习和生活，能够不断走向成长的人；我们究竟要把儿童带到哪里去，把他们培养成什么样的人——让每一个儿童都能找到通向幸福天堂的"钥匙"，在追求幸福的过程中不断体验、创造幸福的人。

儿童教育中的"合"，一线教师到底怎样才能找到既尊重规律又激发主体能动性的"法宝"——办法也许很多，比如马卡连柯的"即使是最好的儿童，如果生活在组织不好的集体里，也会很快变成一群小野兽"。比如卢梭的"要尊重儿童，不要急于对他作出或好或坏的评判"。比如斯宾塞的"教育中应该尽量鼓励个人发展的过程。应该引导儿童自己进行探讨，自己去推论。给他们讲的应该尽量少些，而引导他们去发现的应该尽量多些"。比如陶行知先生的"我们发现了儿童有创造力，认识了儿童有创造力，就须进一步把儿童的创造力解放出来"……

但是，说一千道一万，方法再多，原则只有一个：适合与均衡；出发点只有一个：爱。正是从这个意义上，我们才能真正理解苏霍姆林斯基的名言："教育技巧的全部奥秘也就在于如何爱护儿童。"

再回到《造物弄人》。影片不仅表现了达尔文在"科学与信仰""天与人"的纠结、探索中的挣扎，更在最后以那个慢慢回家的画面，给我们展现了"天人合一"的美好。事实上，在达尔文对安妮的教育中，他尊重孩子，带着孩子去发现，去旅行；他教导孩子，让安妮从小就有了扎实的生物学知识和更宽广的视野与胸襟，甚至在父亲痛苦的时候，反而成为开导父亲的小老师、"小棉袄"；他更深情地爱着孩子，在失去安妮之后很久都不能自拔，陷入病态。最后，依然是他对孩子的那份爱和家人、朋友对他的那份爱，把他带出了精神失常的泥淖，走向了"天人合一"的幸福。

由此不难发现，即使不把《造物弄人》当作星光闪耀的传记片，不当作慷慨激昂的励志片，我们做教师的，还是可以把它当作带给我们感动、思考与启迪的教育参考片。

关于儿童"天"性、儿童教育的争论依然存在，我们仍然要睁大眼睛，走出一条自己的道路。

2020 年 2 月 17 日

## 电影9:《完美的世界》

### 是时候，让孩子走进"不完美"了

*一个逃犯和一个小孩的心灵之旅。*

有些电影故事看起来编得过于夸张，夸张到有点超出我们的常识。我来问你：两个敢一起越狱的人，一定是志同道合、生死契阔的兄弟吧？你能想象为了一个不相干的小孩，老大会不惜把老二干掉吗？还有，越狱之后的逃亡之路，不说是仓皇不可终日，也不会有闲情逸致陪一个小孩来一场浪漫的公路之旅吧？

如此离奇，不，简直是离谱的故事，就这样在电影《完美的世界》中发生了——讲述"一个逃犯和一个小孩心灵之旅"。

看过电影之后，你会发现，刚才的疑问很可能是多余的。不是导演讲故事太夸张、太离谱，而是我们把人和人性想得太简单了。我查了查资料，这部电影拍摄于1993年，已经过去了近30年，居然仍然在豆瓣评分前250部影片中排第149位，被许多资深影迷称作"教科书级的电影"。

以下故事梗概"借用"与"改造"了不少网友的文字：上世纪60年代，一个万圣节的凌晨，两名罪犯布奇和普尔趁机越狱，他们劫持了一辆汽车，准备向边境逃窜。为了逃亡的需要，普尔准备盗窃另外一辆汽车，于是走进了一个叫菲利普的小朋友家。穷凶极恶的普尔不仅要汽车，而且想要施暴于菲利普的母亲。恰巧这时候8岁的菲利普从睡梦中惊醒。普尔殴打了这个惊恐的孩子，令布奇十分愤怒。因为就在他看见这个孩子的一刹那，两个人彼此眼睛中竟然都闪现出不一样的光芒，都觉得很亲近。布奇制止了普尔的施暴行为，但听到动静的邻居已经赶了过来，迫不得已，他们只能劫持了菲利普作为人质。

普尔一直想找机会干掉布奇和菲利普。为了不让孩子受到伤害，布奇不得不杀死了普尔，两人继续向前赶路。此时，负责侦破此案的警官瑞德带着犯罪心理学专家萨莉等人，已经按照推断的路线追踪而来，他们试图在不伤害布奇的情况下将孩子救出来。

随着对彼此了解的不断深入，布奇得知菲利普出身于单亲家庭，其家族信奉"耶和华的见证人"教派，信徒们不允许过任何节日，也不能参加任何活动。母亲非常爱菲利普和他的姐妹们，但是管教极严，年幼的菲利普根本不能像其他孩子一样拥有丰富多彩的童年，连吃棉花糖、玩过山车都是不可能实现的奢望。这让布奇想起了自己的童年、自己的家庭和自己的父亲。布奇的父亲是一个性格暴躁的惯犯，母亲则是一名妓女。当年，小小的布奇因为保护母亲不受欺负，开枪打死了坏人，自己也被送到少儿管教所关了四年，从此，走上了人生的歧途。从小缺少父爱的布奇十分理解同样没有父亲的菲利普，更对菲利普产生了一种近乎父亲的保护欲。他鼓励菲利普做自己想做的事情，不必考虑别人的想法，菲利普感到十分快乐。

布奇准备带菲利普到阿拉斯加，因为自己的父亲曾经从那里给自己寄过一张明信片。途中路过商店，布奇购买了一些食品。此刻菲利普完全可以趁机逃脱，但他没有这么做，因为下意识中，菲利普开始把眼前这个人看成自己的"父亲"。菲利普经过心理斗争，偷来了一套小幽灵的服装，因为他非常希望能在万圣节扮演小幽灵，然后挨家挨户地去索要糖果。布奇教育了他，但还是让他扮成小幽灵来到一户人家索要糖果、钱财。只是走在前面的菲利普根本没有看到身后布奇对户主的施压，他只是感受到了与布奇在一起的前所未有的快乐和轻松。

夜晚，布奇和菲利普在车中休息，被当地农民发现。洛蒂夫妇盛情邀请他们到家中做客，布奇爽快地答应了。第二天，布奇哄着菲利普和洛蒂的孙子玩耍，气氛轻松活跃。但洛蒂的丈夫却因一点小事打骂孩子，盛怒之下的布奇将其捆起来，并用枪逼迫他向孩子道歉。菲利普被眼前的一切吓坏了，他担心布奇会杀死这对老夫妻，于是悄悄偷走了布奇的枪……

伴随着枪声，布奇腹部中弹。惊恐的菲利普将枪扔到了井里，独自向远处跑去。此刻瑞德等人已经赶到现场，狙击手时刻瞄准着布奇。瑞德要狙击手等待命令，自己则走向布奇，试图说服他投降。菲利普也回到布奇身边并向他道歉。身负重伤的布奇从口袋中掏出明信片，准备送给菲利普留作纪念，却被狙击手误认为他在掏枪，于是将布奇一枪击倒。

最后，菲利普坐着直升机缓缓地离开了美丽的大草原和布奇。而从高空镜头看过去，布奇就那么安静地躺在草地上，身边是那张父亲寄给他的明信片……

这是一部讨论"完美"的电影，但是，几乎没有一个人物是完美的：

——菲利普是不完美的，尽管他有所有儿童一样的美好期待，但是连过万圣节的梦想都不能实现。他的童年，早早地被投下了专制、压抑的阴影；

——菲利普的母亲是不完美的，尽管她对孩子掏心掏肺，一个人操持着一个家庭的生计，可是，她的信仰却剥夺了孩子的童年；

——警察是不完美的，瑞德当年为了让布奇免受父亲的暴力，将其送到了少儿管教所，没想到却让布奇走上了一条更不完美的路，在警察队伍里也有像越狱犯普尔那样的家伙；

——布奇的家庭是不完美的，布奇自己当然是更不完美的，他越狱、杀人、抢劫、又杀人，所以，死亡，也只能是他最终的结局。即使观众再同情他，导演讲故事再离谱，也很难让这个不完美的人活在这个世界上……

生活辩证法的神奇往往就在于：再不完美的世界，也一定有美好的东西隐藏在生活的外表下；再不完美的人，也会在不同的时间，对不同的对象展现出美好甚至动人心魄的一面。也许，正是这一点一滴的美好，才让这个并不完美的世界，真正令我们爱恨交加、欲罢不能：比如，不完美的菲利普，通过与布奇的短暂相处，赢得了梦寐以求的节日快乐，体验到了童年的快乐。甚至，布奇与他一起列出了一份"梦想清单"……

又比如，不完美的布奇，也恰是通过与菲利普的短暂相处，唤起了永远失去的童年，和永远渴求不到的父爱。某种意义上说，他是在以成全菲利普完美童年的那一份"梦想清单"，去弥补自己的完美童年，他是以此生第一次也是最后一次"模仿"父亲角色的"完美演出"，表达内心深处对完美世界的热爱与向往。死亡，对于布奇而言，也许并不悲伤，而是他走向完美的一次超越。

教育，是这个世界中的一种存在；教师，是芸芸众生中的一类主体。这部探讨完美与不完美关系的电影，又给我们什么样的启发呢？

一直以来，教育总被人赋予最美好的词语，教师也被人赋予了更多的使命担当与美好色彩。只要你是教师，一定会记得，这世界上有那么多人希望你从事的是"太阳底下最光辉的职业"；只要你从事教育行业，一定听太多局长、校长、专家说过，要给儿童一个"完整而幸福的童年"。可是，你终究会发现被寄予了太多美好诉求的教育和教师这个职业，也的确充满了许多不完美、不美好。

一方面是因为这世界本身就不完美；另一方面可能更因为我们做得还不够好，或者说，我们还可以做得更好。

就像菲利普与布奇一样，在"不完美"的生活中去发现并成全"更完美"的彼此，我们，也许只能通过直面并不完美的教育，反思我们并不完美的职业生涯，尽量让我们的教育、让每一个教师，不断地走向"完美"。

归根到底，教育是关于认识人、理解人、培养人的工作，而《完美的世界》恰恰是一本认识人、理解人，进而认识与理解人的"完美"与"不完美"辩证法的一本颇为实用的"参考书"。

一是更多的"共情"，走进师生彼此的内心世界。影片中布奇与菲利普刚一见面，就仿佛有了心灵感应，随着交流、理解的深入，二人共同缺失的父爱，在情感上反而把彼此更亲密地连接在了一起，从"眼缘"发展到了"心缘""情缘"。片中，布奇对菲利普说："这是一辆20世纪的时光机器，我是船长，你是领航员。"其实在我看来，他们已经成为彼此情感的"领航员"。回到我们的学校，回到我们的课堂，回到现实的师生关系，我们可以背一百遍要给孩子"完整而幸福的童年"的宗旨，我们可以随时随地说出苏霍姆林斯基的"教育的一切奥秘在于爱"之类的箴言，但是，我们还需要进一步反思的是，我们如何真正走进每一个学生的心灵深处，在此基础上，让学生也真正走进我们的心灵深处？布奇做得到，我们，当然也做得到。

二是更多的"信任"。因为自己年幼无知，也许更因为一见如故的"眼缘"，被劫为人质的菲利普对布奇从一开始就没有什么恐惧，而是给予他一个孩子所有的信任，到后来几乎是心甘情愿地跟着他"亡命天涯"。甚至，对于偷了幽灵服装这样一件对孩子来说难以启齿的事情，菲利普也向布奇倾吐了自己的不安。而布奇，更是为菲利普准备了"梦想清单"，甚至把随时会"走火"的手枪，也交给了菲利普。这就是基于共情基础上的由衷的信任。那么，作为教师的我们，能否相信我们的学生？能否不仅相信那些所谓的"好学生"，也相信那些"差学生""坏学生"？更为重要的，我们能否在由衷信任的基础上，为我们的每一个学生去"私人订制"一份"梦想清单"，然后和学生一起实现它？事实上，从很多毕业多年以后回校聚会的学生座谈会上，我们经常听到的学生的许多当年的"爆料"中，就会发现，学生最反感、抱怨的倒不完全是老师的严厉，甚至不是老师的水平，而是老师的不信任，以及不信任背后的"势利"。

三是更多的"自主"。每个人都渴望完美，但每个人实际上都会遭遇形形色色的不完美。童年布奇的不完美在于有一个缺少爱的家庭，而童年菲利普的不完美则在于有一个爱错了方向的家庭。正因为母亲"包办"了菲利普的成长，才导致小小年纪的他只能隔着玻璃窗眼巴巴地羡慕只属于"别人"的万圣节；正因为警官瑞德想当然地以为送布奇去少儿管教所，会让幼小的布奇躲过凶残的父亲的伤害，谁知这种轻罪重判，反而导致了布奇进一步走向不归之路。其实，每一个儿童，都有他难以压抑的生命张力，有时候压抑的越多，反弹就反而愈加严重。菲利普宁愿与布奇"亡命天涯"，布奇明明具有与生俱来的正义、善良与温情，却狼狈地整日与犯罪同行，失去了原来可以度过的不一样的美好人生。正因为我们要与学生产生"共情"，正因为师生之间要有更多的"信任"，所以，我们才必须顺理成章地坚持，赋予学生更多的学习自主和生活自主。更何况学生的自主权，并不是教师和家长

"赋予"的，而是学生作为一个人所天然具有的。一个儿童的成长，固然离不开教师和家长的"教"与"管"，但是更离不开儿童自己的主动探索、主动发现，哪怕在成人看来就是一种"折腾"，还会带来"不听老人言，吃亏在眼前"的失败。说到底，教育的本质并不在于确保学生的成功，而恰恰在于鼓励学生不断从失败中找到减少失败的路径，实现自主的成长。

四是更多的"同伴教育"。表面上看，影片是关于布奇与菲利普"一个大人和一个小孩的故事"，实际上因为布奇从菲利普身上想到了自己的童年，因此也可以看成是两个 8 岁儿童之间的故事。影片中布奇教会了菲利普许多，比如开车，比如看世界，更告诉他："你知道么，菲利普。该死的美国佬，不管是红人、白人，还是蓝人，都有吃棉花糖和坐过山车的权利。"而菲利普的天真、单纯，也在不断唤起布奇对家庭的怀念，对父亲的记忆。即使那个家在别人看来不堪言说，可那毕竟是自己的家；即使那个父亲是十足的混蛋，可是布奇此刻只是怀念并珍藏那一张父亲从阿拉斯加寄来的明信片。我们习惯了传统课堂的"我讲你听"，习惯了传统教育中教师的权威形象，我们是否可以让学生们行动起来，鼓励他们结成学习或生活中的"对子"，甚至是某种基于问题解决的"同伴小组"？有时候，学生用自己的语言和方法去教育同龄人，效果要远胜于教师高高在上、单一枯燥的被动学习。尤其重要的是，推进学生的"同伴教育"的根本前提，其实是要求教师们，首先要有一颗童心。我们是否可以真的蹲下来，以伙伴的心态，以孩子的视角去看花、看天、看世界，然后再与他们交换意见，告诉他们我们眼中的花、天和世界，在不同视角的比较、融通中，最终实现孩子自我的成长。

《完美的世界》的编导以高超的讲故事的技巧，讲了一个看上去夸张离谱、实际上入情入理的故事。电影的名字包含"完美"，可是实际上一点也不完美，甚至，我们对布奇的遭遇充满了同情的唏嘘，以及人死不能复生的遗憾。如果将片名改为"凄美的世界"或者直接就是"凄美的布奇"，我想也是成立的。许多观众，带着看"完美世界"的希望来，到头来得到的却是"凄美"的感受。我想，也许导演也和我们一样，对布奇的结局有太多的不忍，于是，设计了一个非常唯美的画面：阳光灿烂，绿草如茵，躺在草地上的布奇神情安宁，仿佛终于来到了他一生想要赶赴的阿拉斯加……

明明是"凄美"的故事，为什么偏偏要安上一个"完美"的名字？因为"完美"与"不完美"，哪有人能说得清，正如"好人"与"坏人"，哪能用一句话就说得清？看完这部电影，只要我们对"好人"与"坏人"又有了一些新的思考，只要我们对"完美"和"不完美"又有了一些新的认识，就算是这部电影对我们的最好馈赠。我之所以将这部电影视为对教育人颇为有益的"参考书"，就是因为它讲述了一种成长，一种带着眼泪的成长，一种电影人物和每一位观众各有所得的成长。

电影尾声，受伤的布奇对菲利普作"临别赠言"："我知道我不是好人，但是也不是特别坏，我只是和他们不一样。"

现代大儒梁漱溟在晚年有一本口述著作《这个世界会好吗？》。我们的世界，正在发生前所未有的深刻变化，我们的生活，正在遭遇前所未有的不确定性。但是，正如这世界的"不完美"永远存在一样，人类对"完美世界"的追求也将永恒。教育和教师的使命，不过就是带着"完美"的追求，和孩子一起走进"不完美"的现实，让每一个和其他人"不一样的人"，发现生活中可见的和潜在的、即将到来的和亲手创造的美好。

每一个学生都向往"完美"，每一个教育梦想都指向"完美"，但是，也许我们将一生与"不完美"相伴，也许我们的生活还会遭遇更多的菲利普和布奇，但是，这有什么关系呢？所有孩子的成长，都要走出当初被"完美"包裹着的朦胧，去接近、走进"不完美"的真相，进而在"不完美"的生活中去感悟并创造生活的美。而一切真正"完美"的教育，其实不过就是带领孩子更好地走进这平凡的甚至有点残酷的生活，不过就是和孩子们一起去探讨如何直面这"不完美"的世界。

是时候，让孩子走进"不完美"了……

2020 年 2 月 18 日

## 电影 10:《嫌疑人 × 的献身》

# 炸胡的胡某梅与难脱干系的局中人

*即使不是推理高手，也需要寻找胡某梅们背后的那个"×"……*

很多年以后，当曾经的儿童阅读"点灯人"胡某梅，回忆起 2020 年的这场新冠疫情，我不知道她会感叹，还是感谢。

说起来，她应该充满感叹。一场疫情，让很多人宅在家中，刷手机成为日常最多的消遣，于是，第一时间，很多与教育毫无瓜葛的人，都知道了胡某梅抄袭事件，很自然地，放大了这次抄袭事件的社会"影响面"。

疫情当前，大家更聚焦的还是武汉，更关心的还是自己和家人、亲友的健康，所以，无形之中，新冠疫情对这次胡某梅抄袭事件起到了某种消抵、缓冲，甚至"遮蔽"作用。

事实上，胡某梅事件一出来，我就有一种隐隐的担心。担心的不是胡老师将受到怎样的处罚（那是规则与法律的事），而是担心我们教育和教师的小船，如何经得起网络时代舆论的冲撞。近年来，一个不争的事实是：一方面，全社会对教育、对教师的重视与关注前所未有；另一方面，教育与教师的"边缘化"角色走向也是明摆着的现实。我真的很担心这一次由胡某梅引发的抄袭事件，会不会又是一次引火的"捻子"，烧到本已活得不易的广大教师身上。

侥幸的是，暂时还没有。

我相信，和我存同样观点、心态，以及同样担心、顾虑的人一定不在少数。也许正因为如此，大家都在心里"嘀咕"这件事，却并没有多少人去专门议论，助推舆论热点的形成。这其中更大程度上，还是为了我们这些教师共同的依靠和归宿——教育。我们赖以生存、发展的这一方舞台，实在经不起更多、更大的折腾。从这个意义上说，胡某梅应该更加深刻地反省，不只是对被抄袭者，而是对给了她荣誉和舞台的教育，对和她一样从事着教学却和她不一样，远离了功名利禄聚光灯的同行们。她，不仅欠着那些被抄袭者一声真诚的道歉，更欠着我们所有可能因她而负舆论"连带责任"的无辜同行一声由衷的"对不起"。

说到胡某梅，当然也不能一棍子打死。起码，她从湖南跳到人才竞争更激烈的深圳，需要普通人常常缺乏的勇气，也一定有着普通人难以企及的抱负，还一定有着自己相应的专业能力、生活能力，有着不一样的智商和情商。

据此，也足以分析胡某梅何以导致了今天的"困局"——她，其实并非大奸大恶的人，从她的言行举止，特别是对着装的一丝不苟看，还是对美好有着相当体认和追求的人。只是她要求多了一些，把不该得的东西据为己有，当然，就必须"吃了什么葡萄吐出什么皮"；她要求急了些，把需要岁月积淀的东西实现了超"时空"的"跨越"，自以为去韩国"换了马甲"，就没有"赵本山"们看得出来；她对自己过于"自信"了些，也许一开始抄袭时，还有些不安，还有些忐忑，可是久而久之，便心安理得，继而理所当然，甚至最后相信自己已经变成了所有美好的"化身"。

事实正是如此。一个要得多了些、走得快了些、过于"自信"了些的胡某梅，导致了今天"身败名裂"的困局。一个原本并非大奸大恶的人，却终究逃不过生活本身的惩罚，这到底是人生的喜剧，还是生活的辩证法？

我仿佛终于明白，为什么我迟迟不愿就胡某梅抄袭事件发声，不只是因为我自觉人微言轻，说话没有分量，不只是因为我担心我们的教育和我们的教师受到无端冲击，而是骨子里我有一个自己暂时还没有过得去的"坎"：我自己的书虽然没有抄袭，但是生活中，是否也有"要得多了些，走得快了些，过于自信了些"的现象？如果没有，自己的心跳为什么这样快？如果有，那我就得和胡某梅一起"服药"——己所不欲，勿施于人。

就像打麻将的"炸胡"，胡某梅的抄袭换来她自己的"现世报"，自然无话可说。对她过于批判，不给出路，自然没有必要，毕竟我宁可相信她"我本善良"。但是，如一些写手所言"从轻发落"，我也坚决不同意。判断的标准绝非是她"做了公益的事"，也不是她有意无意宣告自己准备了遗书，更不是她长得漂亮，楚楚可怜，而只能是我们现有的规章与法纪。第一，她违法了，第二，她师德失范了。这两条在任何一个地方的教育行政部门的管理制度中，都属于"一票否决"的范畴。我相信深圳龙岗区教育局的处理一定是先期的。这样的人，仅仅撤职、调离教学岗肯定不符合现有的处理规定。想想一名靠自己专业，利用业余时间挣点"家教"外快而被除名的那些教师，即使他们有"营利"的本意，我想比起通过抄袭而赢得太多看得见、看不见利益的胡某梅，也算得上"优秀"许多。当然，我这里绝非在为"有偿家教"鸣不平。

我们需要往深处追问的是，"炸胡"的胡某梅，仅靠自己的一己之力，就可以"炸胡"成功了吗？是谁做了这个"炸胡"的局，谁是为胡某梅"码牌""送牌"的"局中人"？

东野圭吾有一部著名推理小说，后来不仅日本、韩国，连中国的苏有朋也拍出了同名电影——《嫌疑人 × 的献身》。故事基本上尊重原著，讲两个高智商的数学高手，一个帮警方破案，一个帮失手杀了前夫的弱女子掩饰，在双方的智力对峙中，剥茧抽丝，最终找出真正的嫌疑人"×"。

这部电影给我们的启发恰恰在于，对于胡某梅的"炸胡"，我们同样需要找出有意无意帮助她、纵容她，甚至诱导她一路狂奔的局中人"×"。

这个"×"首先是她自己。做阅读的人很多，做语文教师的人也多，做教师的人更多，为什么你就成了"胡某梅"？即使还有许多没有暴露出来的"胡某梅"，但代表胡某梅的、培养胡某梅的还是"胡某梅"自己。

这个"×"是我们这个越来越喜欢"秀"的时代亚文化。有人说市场经济是竞争的经济，必须有自己的"秘密武器"；有人说网络时代是偶像的时代，必须炒作各方面的偶像。那么，市场经济与网络时代"联姻"，自然催生的是一种炒作的亚文化。很无奈也很自然地，我们的学校和教育也难免逐步沦为一些别有用心或者"特别用心"的人的"秀场"。不难想象，美女阅读人胡某梅的出场，多么符合人们对这个炒作时代的需要和想象。问题恰恰在于，教育从来就是务本求真的事业，从来都必须与炒作绝缘。纵观胡某梅一长串的履历与荣誉表，除了常规表彰，还有更多这样那样的称号，这些称号，给了她荣耀，最终也让她跌倒。胡某梅只能是"其兴也勃焉"，"其'亡'也忽焉"，其实她自己也是这个时代的牺牲品。

更应该反思的，也许是我们过于功利的教育环境和氛围。一个人，哪里来那么多花哨的称号，推而广之，一所学校哪里来的那么多"令人惊羡"的牌牌？比如，如果我们认真查一查什么全国百强、十强之类的排行榜，有多少不是炒作？又有多少不是明知自己在炒作，也把炒作信以为真的人？"假作真时真亦假"，难道是千古难解的"奥数"吗？

这个"×"还是我们当下不尽科学的评价制度。导致胡某梅荣誉加身的，除了社会上那些莫名其妙的荣誉，很多都是教育行政部门和政府部门发出的。反思一下我们常规的评奖方式，特别是评审模范、标兵之类，我们主要看什么？文件里说是看业绩、看贡献，可是操作中就简化为看成果、看论文、看著作，这种导向，让多少人为论文、著作而倾倒，让多少默默耕耘的优秀教师在本应得的荣誉面前止步，而让胡某梅们有机可乘。不信，除了胡某梅，我们去查查其他人，特别是去查查那些动辄著作等身的人，恐怕只会比胡某梅有过之而无不及。胡某梅并不是一个"单体细胞"，而是一群细胞聚集的"生态链"。除了重论文、重著作的"简约化"思维，我们的评奖、评先中还有一个痼疾，就是"看菜下饭"与"马太效应"。所谓"看菜下饭"，就是某个荣誉常常是戴着帽子专给某人或某一类人，导致在这些人看来，这样的荣誉"非我莫属"；所谓"马太效应"，就是我们常常会在授予某个荣誉前，附着一些必须具有的基础性条件，导致很多更适合的人，离真正的荣誉相去甚远，更导致胡某梅们的荣誉如滚雪球般越滚越大，最终也是这些"看菜下饭""马太效应"的荣誉害了她。

这个"×"似乎还包括一再推动胡某梅们在错误的道路上疾行的身边

人，甚至表面上与她并不相干的我们。在她并不算短的抄袭生涯里，若是有一个知情人早一点提醒、批评而不是纵容、鼓励，也许胡老师还是那个让大家喜欢的真正的"美女老师"。可是，这其中的每一个人，不知道出于什么目的，却任其发展、任其发酵，直到如今的不堪收拾。

在《嫌疑人 × 的献身》中，最终找出了那个令人同情却依然难以脱案的"×"，那是一个唯一的"×"。可是在胡某梅的"炸胡"事件中，如果我们愿意，我们会发现许许多多难脱干系的"×"。或许，这个"×"就是我们自己。

2020 年 3 月 11 日

中编

# 成长课：陪伴等待，并且忍耐

## 电影 11：《地久天长》

### 为了成长，等待，并且忍耐……

一段难以回顾的生活历程，一段虐情虐心的电影剧情，事关几个人艰难而倔强的成长。只要是成长，再晚都不迟；只要能成长，再忍都值得。

如果不是偶尔翻头条新闻，我还真的不知道 2019 年的金鸡奖已经颁发，我对王景春、咏梅两位最佳男女主角几乎完全陌生，更未听说他们主演的《地久天长》竟在柏林电影节获得了大奖。

加之该片导演是第 6 代导演中颇有风格的王小帅，自然就有一探究竟的好奇。凑巧的是，当晚躺在床头随意打开电视的时候，竟然还真的在点播中找到了这部电影。尽管它很长，有 175 分钟，我还是沉浸其中。

故事是这样的：刘耀军、王丽云与沈英明、李海燕两对夫妇，是同在一所国营厂工作的好朋友兼好邻居，这种上辈人的友谊也传递到了下一代身上，他们的儿子刘星与沈浩也成了形影不离的兄弟。

但是，一次意外让两个家庭的关系面临着重大的考验。沈浩拉着刘星一起去水库游泳，而刘星不幸溺亡。这使得刘家失去了往日的欢笑，更要命的是，王丽云曾经被李海燕强迫着拉到医院，去做了二胎的流产手术。沈家每个人因此背上了沉重的思想负担。

更大的意外接踵而至。先是 20 世纪 80 年代的"严打"，接着是王丽云"下岗"，再后来是大家"下海"。在老家待不下去的刘耀军夫妇辗转到了福建海边，开了一个小维修店，同时从福利院领养了一个长得像刘星也取名刘星的孤儿。

一晃 30 年过去。沈家发了财，沈浩大学毕业后成了医生，并且结了婚，即将迎来自己孩子的降生。患上绝症的李海燕余下的时间却不多了。他们决定请刘耀军夫妇回老家。弥留之际，李海燕终于向王丽云表达了自己的痛苦与无奈；而在新一代——沈浩的孩子出生之后，沈浩也向曾经的干爹干妈表达了自己的忏悔。原来当年因为受不了同学们对刘星胆小不敢游泳的嘲讽，沈浩无意间推了一把刘星，导致了刘星的死亡……沈浩终于把内心的郁结一吐而出。其实，刘耀军夫妇早已知情，当年正是他们阻止了了解真相的沈英明送沈浩去派出所的冲动。理由非常朴实：他们已经失去了刘星，不愿意再失去沈浩。

当年亲密无间的两家人，终于在 30 年之后打开了心结。耀军和丽云也将回到现在住的海边。在整近三个小时不疾不徐的电影叙述中，结尾的一抹亮色照亮了观众：离家出走很多年的养子刘星终于回家了，而且还带回了女朋友。新的希望照耀着平凡、坚韧而伟大的一家人。

电影故事本身倒不复杂，但电影所揭示的时代背景和导演要表达的主题却相当纷繁。从时间跨度上说，三个小时的电影浓缩了改革开放几十年的人世沧桑。从改革开放初期到计划生育，从国企下岗到下海经商，从世纪拆迁到新城市建设，它用长镜头记录了普通中国人在这充满巨变的时代随浪潮而波动的人生遭遇。可以说，它是一部浓缩的中国改革开放编年史。从主题上说，导演想探讨的是大变动时代社会价值观不断演变，普通中国人经历了何等苦涩的历程，并在此历程中回归并呵护了熠熠生辉的人性。

导演和编剧是否还想从中探讨一下子女教育的问题，我不得而知。只是我从刘星、沈浩以及养子"刘星"身上，看到了这未必就不是一部讨论教育的电影。

真正的刘星早夭，有关他的成长着墨不多。像所有爱孩子的父母一样，耀军和丽云对刘星有一点溺爱，把最好的都留给孩子，也任由孩子放学以后打游戏，甚至爸爸和孩子一起打。由此来看，刘星的溺亡，固然与沈浩那无意一推有关，但是否也与他天生胆小、生活能力不足有关呢？一个家庭给孩子的，不只是好的物质条件，更要给他面对生活、面对挑战的基本生存能力。家庭教育何去何从？确实发人深省。

再看看沈浩。童年的那一场危机很快就过去了，他也如所有孩子一样上学、考大学、找工作，并结婚生子，但用他自己的话来说，"自己的心里其实像是栽下了一棵树"。自己长大，树也长大，戳得他越来越难以承受。从个体感受的角度来看，这么多年，沈浩根本就不是一个"长"的过程，而是一个时刻"熬"着的过程。从教育的视角看，有多少学生貌似平静的外表下，隐藏或者掩饰着惊心动魄的心理煎熬。教师或父母若能早一点进入学生的内心，会不会更加理解学生，从而更好地帮助学生成长？

养子刘星更是一个值得研究的对象。耀军和丽云把他从福利院领进家门，从长辈的角度说，肯定给了他比原来的刘星只多不少的爱。可是新刘星依然不快乐，因为他不愿意被当作替代品。这样的冲突时常发生，最终一发不可收拾。离家出走，虽然对自己和父母带来了双重的痛苦，可是站在他的角度，这未尝不是一种次优的选择。这样的遭遇只能再一次证明如下的教育常识：父母也好、老师也罢，固然要赋予孩子更多的爱，但是如果学生需要的是西红柿，你却拼命给黄瓜，这样的爱到底是育人，还是害人呢？

这部电影讲了三个成长的人，也给了我们三个基本的教育启迪：要重视孩子基本生存能力的培养；要关注孩子的内心真实世界；要给孩子需要的、适切的爱。

更重要的是，三个人的成长都不是一帆风顺的，都经历了各自的苦涩，甚至苦难。真正的成长从来不是从廉价的、肤浅的快乐中获得的，只能从苦涩中来。忧患出诗人，忧患更出成长。那些一味高调主张快乐教育的人们，是否能变得更加理性和实际一些呢？

你看，无论是沈浩还是养子刘星，在经历了种种痛苦、纠结、叛逆、失败之后，最终都实现了属于自己的真正的成长：沈浩活得更加坦然和有尊严，刘星也活得更加有责任感和担当。

一直以来，我总是以为，不同学生的成长道路是不同的，既有"不待扬鞭自奋蹄"的，也有"野渡无人舟自横"的，更有"浪子回头金不换"的，甚至还有"棍棒底下出孝子的"，谁能告诉我哪一种学生更优秀，哪一种学生更成功？

成长，从来都是一种等待花开的过程。甚至等待中，还要有忍耐的煎熬和折磨。令人欣慰的是，经历了困难、悲伤，坚守了无数忍耐的刘耀军和王丽云，终于等到了沈浩的一吐为快，终于等到了刘星的浪子归来……

如此看来，教育哪有什么灵丹妙药啊，只要是成长，再晚都不迟；只要能成长，再忍都值得！

如果一定要对电影《地久天长》加上一段教育视角的评价，我会说，这是一部关于不同孩子成长的电影，这是一部阐述成长过程中的等待与忍耐辩证法的电影——

在忍耐中等待，让我们对成长更有信心；

在等待中忍耐，让我们对成长更多一分理性。

再提一句，片名《地久天长》其实取材于欧洲著名的民歌《友谊地久天长》。有心的人，去听听这样舒缓深情的旋律，或许会对如何教书育人，如何为人处世能有更深刻、更美好的领悟。

最后要提到的是本片的英语译名，导演并没有用我们通常理解的意译：天长地久——forever，而是将其翻译成——*So Long*，*My son*。

成长的路，漫长啊！我们都忍耐着点、等待着吧，一定要慢慢地、好好地走下去！

2020 年 1 月 27 日

## 电影 12:《蒂伯巴赫村的孩子们》

### 从误解到和解，并且理解……

为了成长的权利，蒂伯巴赫村的孩子和大人们展开了一场"战争"。而引发"战争"的，其实未必真的是因为缺少爱，而仅仅是彼此之间有太多的"误解"。

如果抛开某些虚荣时刻戴着面具的言不由衷的胡扯，我想每一个人大概都会承认，教育孩子实在是天底下最重要，也最艰难的事。

一个颇具黑色幽默又比较吊诡的事实是，现实生活中，一些对理想教育始终高调长弹的人，一些对当下教育问题始终恶评不断的人，私底下反而会千方百计为自己孩子找家教。但我不想站在道德高度对这些人报以不屑，更愿意站在深思的角度对这样的人和事施以同情。在此，不妨借用时下流行的鸡汤文的言说方式，来表明我们——教师、家长、社会、学生——所有与教育、与学习息息相关的人对教育的现实态度：如非生活所逼，谁愿意把学生弄得鸡飞狗跳？

被平日的学习逼得鸡飞狗跳的，又岂止是中国的家长和学生！大洋彼岸的法兰西，早就有人看到了这一怪相，并且用一种奇幻荒诞的方式和某种寓言童话的形式，于 2008 年拍出了这部有趣的电影：《蒂伯巴赫村的孩子们》。

这是拍给孩子们看的电影，情节十分简单，叙事也非常流畅：蒂伯巴赫村是一个普通得不能再普通的村庄，大人们各有各的工作，各有各的个性，当然也是各有各的优点和不足。每家每户都有孩子，每个孩子都表现出不一样的个性和特长，也表现出这个年龄段共有的天性——淘气，顽皮，叛逆。从捉弄小猫，到捉弄老师；从考试成绩挂红灯，到一言不合打群架……

终于，大人们决定不再忍，他们上演了一出神秘消失的戏码，试图以抛弃村庄的断腕举动，让顽皮的孩子们回头是岸。

可是，人算不如天算。大人们原本仅仅耗时一天的"消失"计划，却因走错了路误入别国地界而被集体投入监狱。这一下，蒂伯巴赫村的孩子们真的成了"没娘的孩子"。

令人惊喜的是，孩子们很快从一开始的或惊慌失措、或如释重负的情绪宣泄中冷静下来，他们自发地组成了团队，选出了代表，明确了角色，细化了任务，并且在玛丽安的带领下，与以"坏孩子"奥斯卡为首的魔鬼团队展开了一场"土豆大战"。终于，正能量越来越聚集，奥斯卡也低下了桀骜不驯的头。影片的最后是家长们终于回到了村里，经此变故，无论是大人，还是孩子，都实现了自己的超越和成长。

看完影片后，我不禁沉思，这到底是一部怎样的电影呢？

## 这是一部关于"误解"的电影

社会学家认为，交往是人类特有的存在方式和活动方式。而教育哲学家们则更愿意将教育看作一个人对其所处环境和认知对象不断观察、判断和推理，继而认同或放弃的过程。理想的教育一定会促进人与人之间的理解加深和彼此欣赏。卞之琳的名句"你站在桥上看风景，看风景的人在楼上看你"，大概说的就是这个意思。但是事实上，如此美好和谐的教育画面，往往是以一种乌托邦的形式存在。现实中老师与学生之间，父母与孩子之间，以及孩子与孩子之间，常常充满各种各样的误解。影片将这种种误解形象化地表现了出来。

比如，影片中老师对学生有误解，认为考试不好的就是差孩子；学生对老师也有误解，认为对自己严格要求的都是坏老师。

再比如，家长对孩子们有误解，认为他们不听管教，没有出息；孩子对家长们也有误解，认为他们古板、暴力，令人畏惧。当然，孩子们对自己也有误解，有的人就认为自己根本就不是学习的料，从而走上了或随波逐流或自暴自弃的道路……

正因为彼此充满了很深的成见与误解，所以，导演把情节设计成"家长逃离""孩子狂欢"等，就成为一种令人似曾相识的生活的真实。从这个意义上看，这部电影堪称教育弊端的记录本，或者是教育尴尬的刻录机。用教育管理学的概念说，大概这就叫鲜明的问题导向。

## 这是一部关于"和解"的电影

大人们离开后，孩子们像成人社会一样，人以群分而有了玛丽安和奥斯卡"两大帮派"。在接下来几天的独立生活中，所有孩子在挑战面前都一下子成长起来，一些原来不起眼的孩子，也展现出自己特别的才华，并为团队作出了重要贡献。大人们回来了，在彼此的欢笑和眼泪里，过去所有误解的坚冰都被不断融化。

老师和学生实现了和解，当初水火不容的师生关系，在老师最后为了爱情而必须离开的时候，变得依依不舍；

大人和小孩实现了和解，只有彼此走近，才能真正有一个温暖幸福的家，才能真正促进孩子不一样的成长；

小孩和小孩实现了和解，两大团队最终走到了一起，当初的"魔王"与小"魔鬼"们，也露出了少年儿童本应难弃的纯真笑容；

最为重要的是，小孩自己跟自己也实现了和解，生活和挑战让他们看到了自己的能力和不足，更加自信也更加谨慎地走向了今后的成长之路……

这一切，假如用教育学的语言来分析，大概就是再次证明：任何教育都不过是一种"对心灵的尊重与唤醒"。站在"误解"的问题导向面前，努力探求真正"和解"的"通心"之路，应该就是我们孜孜以求的立德树人的目标导向。

# 这是一部关于"理解"的电影

认清教育中的种种"误解",会让我们更理性;实现所有教育攸关者心灵的"和解",会让我们更憧憬。立足"误解"的问题导向和"和解"的目标导向,我们会加深对"什么才是好的教育,如何实现好的教育"的真正理解,并且通过这真切而又深切的理解,去推动从"误解"到"和解",去发现更多改良教育的可能。

第一,更充分地相信孩子,他们真的行。蒂伯巴赫村的孩子们在离开大人的日子里,经过磨炼,将村庄和自己治理得有模有样。

第二,更进一步地教育家长和社会。儿童是用自己的视觉、听觉和触觉认知世界的,家长是学生成长的第一任老师,社会是学生成长的真正学校。影片中家长离开以后,孩子们占领了酒吧,当这些充满稚气的孩子坐在那里,像模像样地喝酒、泡妞时,所有的家长,都必须进行一次灵魂追问,来一次深刻反省。他们的"酒吧间言行",用心理学家华生的话来说就是:"每个孩子都是一张白纸,而他反映的都是大人给予的颜色……"

第三,更谨慎地使用教育方法。整部电影推崇的大概是一种"生活即成长"的教育理念,甚至从故事的推演中,我们能看到两个与最时髦的 STEAM项目学习极为类似的细节。一是孩子们在一起设计"土豆战车",二是孩子们开展了一次"末日审判"。但是,儿童的教育和学习,既是一个自然、自主的进步过程,又是一个需要不断被引领、点拨的"介入"过程,更是一个需要因人而异、因材施教的差异化过程,任何偏于一端的教育,最终常常会陷入自我偏执的认识误区和挂一漏万的实践"误操作"。

鲁迅先生有篇杂文写道:人生识字糊涂始。世界上大概从来都没有一种完美无缺的教育。我们的生活中还有多少像蒂伯巴赫村这样的地方,还有多少像蒂伯巴赫村的孩子们这样的学生?真正好的教育,常常是起于"误解",终于"和解",而真正连接起"误解"与"和解"的,恐怕就是我们对教育、对学生更真切、更深刻的理解了。

2020 年 1 月 28 日

# 电影 13:《怦然心动》

## 每个孩子心底都长着一棵梧桐树

一部小众、唯美却富含争议的电影《怦然心动》，揭示了教育者无可回避的现实：是否只有走近孩子心底的那棵梧桐树，才算是真正懂得了他们？

日复一日的生活，如一次又一次的复制粘贴。于是，关于成长的点点滴滴，几乎都已随风而去。不去想，也没什么可以回望。

幸好，我们还有电影，还可以去唤醒我们当年碎片化甚至风化的记忆，还可以在欣赏别人的成长中去弥补自己的缺憾，或者干脆将电影中的人物当成自己，去完善自己并不美好的成长历程。

拍摄于 2010 年的美国电影《怦然心动》，大概就属于这样一部电影，它记录了两个孩子从小学到初中、从童年走向少年的历程：布莱斯全家搬到小镇，邻家女孩朱莉前来帮忙。小男孩闪亮而迷人的眼睛，让朱莉对他一见钟情。但是事实是，布莱斯对她并无好感。经历过梧桐树风波〔朱莉一直喜欢待在小区里的一棵梧桐树（悬铃木）上看风景，当邻居要砍掉这棵树时，她希望得到布莱斯的帮助，结果未能如愿。倒是朱莉以一己之力对抗外力，虽没能保住梧桐树，却也成为了英雄〕、鸡蛋误会（朱莉好心把自己养的鸡下的蛋送给布莱斯，却意外发现他表面礼貌接受后，背后却扔掉了）之后，朱莉对布莱斯大为失望。恰恰这个时候，透过家庭晚餐和学校午餐会活动，布莱斯越来越发现朱莉的美好，反过来变成"剃头挑子一头热"，却每每遭到朱莉的回避与冷遇。最后，布莱斯没有退却，勇敢来到朱莉家的草坪上，他要为她重新栽下一棵梧桐树。朱莉恍惚发现，时光仿佛又回到了数年前他们第一次见面的情景。她也走向草坪，两人共同栽下这棵承载着他们记忆与期许的梧桐树。

两三年前看这部电影，就有写点什么的冲动，后来还是放弃了。这虽然是一部情节简单的电影，但要想真正站在教育的视角写点什么，其实很难。

第一，这是一部公开讨论初中生甚至小学生初恋的电影，即使在当下已经相当开放的中国教育话语体系中，依然会显得颇不适宜；第二，这是一部表达方式非常特别、前卫的电影，不同于一般故事的平铺直叙，或者简单的倒叙、插叙，它是以第一人称的手法，分别站在朱莉和布莱斯两个人的角度，去叙述各人的心路历程。常常是同一件事，同一个对象，在不同的角色那里会有不同的观感、情绪，比如，朱莉送鸡蛋，明明想表达热情和友好，可是布莱斯却感到很不卫生；再比如，布莱斯一家都觉得朱莉的父亲贫穷且小气，可是朱莉却发现爸爸其实是把每美分都省下来，去帮助住在治疗中心的她那有智力障碍的叔叔……

基于上述犹豫，思之再三，我还是压下了写作的念头。这一压，就是两三年。

这一次居家抗疫，不知怎么的，就又翻到了这部电影。与前几天几乎是一秒钟不拉地看完《英俊少年》不同，这次是有一搭没一搭地看完了《怦然心动》。但对于电影的内涵，对于两个主角的心路历程，却又有了一些新的认知和体悟。

这确实是一部探讨初恋的电影，但如果我们把这部电影仅仅限定在讨论中小学生初恋，很可能低估了导演的"野心"和整部电影所要表达的意思。除了初恋，电影还探讨了与之相关的自然与人生、贫富与艺术、家庭与亲情等话题，在舒缓、自然演进的光影流动中，阐明了很多简单而深刻的道理。电影中略带神秘、纠结、向往与失落、难受的初恋，只不过是一条可见的明线，在初恋的背后，其实还有一条暗线，那就是关于生活，关于成长，而主宰明线、暗线根本走向的，其实是——爱。

既然说到生活，说到成长，说到包括初恋在内的爱，那就该跟教育和教师沾点边了吧？不对，应该整个纳入教育的范畴，进入所有教师的视野。

从哪里说起呢？我想就从三个"一"开始吧。

## 一次难忘的见面

电影一开始，就是 8 岁的朱莉第一次见到搬家至此的布莱斯，发现自己一下子喜欢上了他那闪亮、迷人的眼睛，甚至暗地里期待得到他的第一个吻。这应该属于美国心理学家洛钦斯在 1957 年首次提出的——首因效应。它是指交际双方形成的"第一印象"对未来交际关系的影响，即"先入为主"所带来的影响。首因效应本质上是一种优先效应，当不同的信息结合在一起的时候，人们总是倾向于重视前面的信息。即使人们同样重视了后面的信息，也会认为后面的信息是非本质的、偶然的，人们习惯于按照前面的信息解释后面的信息，即使后面的信息与前面的信息不一致，也会屈从于前面的信息，以形成整体一致的印象。

事实常常如此，如果一个人第一次见面就给人留下好印象，那么人们就愿意和他亲近；相反，由于种种原因第一次见面遭致对方反感，人们就会对他表现淡漠，甚至导致心理与行为的对抗。无论是朱莉对布莱斯的一见钟情，还是布莱斯对朱莉的"初见无感"，都是首因效应在起作用。洛钦斯的研究还表明，越是感性思维发达的中小学生，首因效应就越明显，就越容易在同学交往中，特别是异性同学交往中表现出"以貌取人"的倾向。为此，作为一名教师，一方面，要善于帮助学生分析"第一印象"的优缺点，以便尽量做到客观、真实地去看待一件事，对待一个人；另一方面，更要善于应用首因效应，尽快走出"新官上任三把火""先发制人""立下马威"的思维定势，注重自己的仪表仪容、言谈举止，更注重自己由内而外的人格素养，争取给学生留下自然、健康、积极、乐观的"第一印象"。

当然，需要指出的是，在教育教学过程中，仅仅重视首因效应是远远不够的。一厢情愿的朱莉为什么对布莱斯越来越失望？是因为她发现布莱斯不肯与她共同保护梧桐树的胆小，发现了布莱斯背后扔掉她精心赠送的鸡蛋的

"虚伪"。而开始比较冷淡的布莱斯，为什么后来又改变了第一印象，转而由冷变热？是因为他发现了朱莉保护梧桐树、热心送鸡蛋背后的美好，发现了朱莉一家人的美好。这又是什么情况呢？洛钦斯指出，这是区别于首因效应的"近因效应"，就是说，"我们对他人最新的认识占了主体地位，掩盖了以往形成的对他人的评价"。

## 一群"重要他人"

随着电影的演绎，我们会发现，几个在我们生活中并不陌生的人，一如平常地向我们走来，展现出他们不一样的精神魅力，并在潜移默化中推动着情节的走向。

第一个是朱莉的父亲。朱莉为什么如此善良、美好？因为她有一个善良、有责任担当的父亲。一日，受到布莱斯冷遇而难免失落的朱莉看父亲画画，父亲问她为什么喜欢布莱斯，朱莉表示也许因为眼睛或笑容，但父亲却告诉她"一个人的全部不一定等于他的各部分之和"。后来当朱莉帮布莱斯捡落在梧桐树上的风筝，爬到高处并意外发现了自己从未看过的风景时，她开始隐约理解了父亲的意思。同样，当朱莉得知父亲省吃俭用，都是为了让有智力障碍的叔叔有更好的医疗和生活条件时，更深刻地理解了亲情和爱的意义，并用一个冰淇淋，让叔叔感受到了来自家人的温暖。

第二个是布莱斯的外公——查特。当我们去探究、追问朱莉与布莱斯到底是怎样走过了彼此的疏离、误解而最终走向彼此珍惜时，就会发现查特几乎是起到了人生导师的作用：是他发现了朱莉的美好，并且在朱莉失落、痛苦的时候，陪着她一起整理花园、修扎篱笆，在布莱斯的父亲嘲笑朱莉的叔叔时，又是查特挺身而出；更主要的是，在布莱斯还不完全理解朱莉的美好时，查特告诉他，"有些人浅薄，有些人金玉其外败絮其中，但总有一天，你会遇到一个彩虹一样绚丽的人"，这给了布莱斯更多的信心和决心。

第三个是朱莉的叔叔丹尼尔。他不会说话，生活不能自理，带给人更多的是沉重的负担。可是，他依然有对生活最基本的美好感受，有对亲情的最基本的愉悦表达。这个叔叔的存在，让朱莉的人格得以升华，让布莱斯对朱莉的好感更近一层。

这几个人共同构成了影片中两个孩子生活和成长的"重要他人"。"重要他人"一词于1953年美国学者米德在《心灵自我与社会》（1934）中给出暗示，后由米尔斯对其加以发展，并首先明确地提出概念，指在个体社会化以及心理人格形成的过程中具有重要影响的具体人物，比如一个人的父母长辈、兄弟姐妹，或者是老师、同学，甚至是萍水相逢的路人或不认识的人。其中，作为一个人学习、成长路上的重要陪伴者，教师的一言一行、一举一动，无论是一个不经意的眼神、一种无意流露的态度，还是点滴之中展现出来的胸怀，都能对学生的成长产生积极或消极的重要影响。对此，说一千道一万，我想还是要回到陶行知先生所说的"学高为师，身正为范"：第一，要呵护，像苏霍姆林斯基说的"对待荷花叶上的露珠一样"，小心翼翼地呵护学生心灵；第二，要相信，相信每一个孩子都是一朵不一样的云彩，包容、理解他们"成长中的错误"与"成长中的烦恼"，并陪着他们走向更遥远的人生之旅；第三，要引领，以自己的人格与行为习惯，去熏陶每一个孩子，敢于并善于给学生们做示范。


## 一棵梧桐树

整部电影，梧桐树是一个不可忽视的存在，主导故事的进程。梧桐树之于朱莉与布莱斯，有三个不一样的阶段。

第一阶段，在朱莉处于迷茫的初期，因为帮助布莱斯捡拾落在树上的风筝，第一次爬到了梧桐树的高处，并且第一次直观理解了"整体大于部分之和"的意义。我想，这是朱莉与世界关系的一次超越——可能的世界要远比我们想得到的世界更宽广。

第二阶段，社区将要砍掉梧桐树，朱莉求助布莱斯而不得，以一己之力爬上树端，最终虽以失败告终，却让朱莉既成了"英雄"，又进一步认清了布莱斯。我想，这是朱莉与布莱斯关系的一次超越——她的首因效应在慢慢减弱，近因效应在慢慢上升，意味着一个人看问题的视角与方法的成长。

第三阶段，在影片的尾声，朱莉和布莱斯在草坪上共同栽下一棵新的梧桐树，我想，这是两人完成了对彼此关系，更是对生活、对未来认识的一次超越——他们栽下的这棵梧桐树，既有对过去岁月的留恋，也有对当下生活的珍惜，更有对美好未来的期许。

至此，这棵树作为一件特殊的道具，在影片中完成了三次特别的功能转换。而在两个小主人公那里，却是完成了"认识世界—认识彼此—认识自我"的心路历程与自我成长。

难怪在港台地区的翻译里，有人将"怦然心动"翻译为"梧桐树之恋"。这棵梧桐树，分明就是朱莉，分明就是布莱斯，分明就是生活着、成长着的所有少男少女，包括早已过了青涩初恋、早已不再年轻的你我他。

一次一见钟情的见面，一群孩子生活中的重要他人，一棵若有若无存在于我们生活中的梧桐树，共同演绎了一部简约却绝不简单、不无争议却蕴含美好的个性电影。

站在教育和教师的视角，我认为它不只是一部电影，更是一本书，更是一堂课——事关如何对待一棵树，如何呵护一棵树，如何让一棵树自主地生长……

所谓教育，本就是"十年树木，百年树人"；所有孩子的心底，本来都长着一棵梧桐树。

这棵树是如此重要，值得我们为其付出所有；这棵树又是如此神奇，常常让我们为之——怦然心动。

2020 年 2 月 2 日

## 电影 14：《狗十三》

### "爱因斯坦"与这个世界：对抗还是和解？

一个家，一个少女，两只狗，叙说一种成长。为了对抗与和解交织的成长，教育人作何思，凭何行？

莎士比亚说过，一千个读者就有一千个哈姆雷特。鲁迅先生也曾这样评价过《红楼梦》："经学家看见《易》，道学家看见淫，才子看见缠绵，革命家看见排满，流言家看见宫闱秘事。"用这样的视角，去理解 2018 年公映的关于一个少女和两条狗的电影《狗十三》，我想再恰当不过了。

13 岁的初中女孩李玩，出生在一个中等甚至有点富裕的家庭，自己的成绩也不错，尤其爱好并擅长物理。只是爸爸妈妈早年离婚，爸爸一直忙于生意，且又组建了新的家庭，所以，李玩只能寄住在爷爷奶奶家。

一次，爸爸因为自作主张让李玩报英语补习班而觉得过意不去，便给她买了一只小狗。小狗的孤独与可爱，让李玩想起了自己，便渐渐地喜欢上了它，并为它起名"爱因斯坦"。一人一狗，成了形影不离的好朋友，甚至在李玩看来，"爱因斯坦"就是另一个自己。但意外的是，爷爷在一次带狗买菜的路上把它弄丢了。李玩表现出了强烈的不满，并在与爷爷的争执中导致爷爷摔伤了腿，引发了一场激烈的父女"大战"。之后父亲表达了歉意，但是李玩却变得愈加沉默。不得已，继母为李玩又买了一只新狗，并且大人们为了逗李玩开心，异口同声地一口咬定这就是找回来的"爱因斯坦"。尽管李玩内心并不接受，生活却也似乎暂时恢复了平静。

最后，李玩努力学习，获得了物理比赛一等奖。而就在她和堂姐一起散步时，竟然遇见了失踪已久的"爱因斯坦"，当姐姐要求李玩去跟狗主人要回小狗时，李玩却只是轻轻一笑便走开了。尽管，她第一眼就看出来那就是"爱因斯坦"。

概括起来说，这就是一部关于"一个家庭、一个少女、两只小狗和一种成长"的电影。之所以如此不厌其烦、一字一句地把我所理解的剧情复述出来，是想表明，这确实是很难用一种或几种视角能够说得清的电影。一部近两个小时的电影涉及的内容，除了一个孩子的成长外，起码还包括离婚后遗症、隔代培养、二胎影响、青春期叛逆、宠物与人、家庭与社会等各种各样的话题，我不知道这究竟是导演的野心太大，还是生活本来就是这样残酷。所以，看完电影之后，我有很长时间走不出来，也许这就是这部电影的魅力所在。

评价电影的视角很多，作为一名教师，我依然更倾向于从一名初中生成长的角度去思考。

影片一开始，李玩是极具个性和反叛意识的，但是随着家庭现实（爷爷摔倒，以及弟弟的到来）与生活的现实（两只"爱因斯坦"的先后失去，以及几次宴会中带着表演的应酬）一一呈现，李玩越来越发现，一个人终究斗不过这铁一样的现实。哪怕是含泪吃狗肉，这也是她必须接受的成长。当然，如果说这样的成长开始还有些被动与迫不得已，最后，李玩果断地拒绝与"爱因斯坦"相认，才是真正表明了她与这个世界、与自己的和解。尽管这和解的代价，依然是难以抑制的眼泪与挥之不去的记忆。

对抗—妥协—和解，这是影片中李玩的成长三部曲，其实，推而广之，何尝不是我们每一个过来人所经历的人生故事？而且，我们也确信，我们的下一代，再下一代，依然还会循着这样的轨迹，去发现与开辟属于他们每一个的人生。而影片中两只"爱因斯坦"的先后失去，其实就是一个隐喻——不管我们愿不愿意，为了成长，我们总要学会丢弃一些，再丢弃一些——大到我们挚爱的亲人，中到我们的功名利禄，小到哪怕是一只小狗。

这样看来，所谓成长，不只是一次一次地遇见并接受新的事物，更包括一次又一次地失去，从被动失去，到不小心丢失，甚至到主动地抛弃。从这个意义上，我们也可以说：无对抗，不青春；无妥协，不生活；无丢弃，不和解。

既然成长包含着一次又一次的对抗与妥协、丢弃与和解，那么站在教师的角度，我们的角色是什么？我想无非有两个：一个是理解的陪伴者，让学生的成长之路不那么孤单；另一个是帮助的引领者，让学生的成长过程不那么失落，并且掌握自己成长的主动权。为此，有三个方面需要引起我们的关注。

一是关于丢弃、妥协中的"忍"与"不忍"。每一个人的成长未必都像《狗十三》电影海报所宣传的那样，每一次成长都是一场谋杀。但我们必须承认，既然成长意味着对抗中的妥协，意味着坚持中的放弃，那么，所有和解之后的温暖画面都不能掩盖其中的失落、痛苦、纠结，乃至绝望。恻隐之心，人皆有之。既然爱是所有教育的本质，那么，学生每一点的失落、痛苦、纠结和绝望，都会让我们感同身受、"于心不忍"，但是，为了学生必要与必然的成长，我们又必须不能不忍。关键是，我们的"忍"与"不忍"的度，到底在哪里？特别在社会与家长全面干预，乃至侵犯学校和教师的教育权的当下，我们对学生成长中的"忍"与"不忍"，更会遭遇专业之外、职业之外的不确定的挑战，更增加了我们工作的难度，我们怎么办？没有直接可以沿袭的答案，没有绝对正确的模式，有的只是一名教师"道之所在，吾往矣"的勇气与智慧。

二是关于"爱因斯坦"与其他。影片中，两只"爱因斯坦"其实都是主人公李玩的情感寄托与自我化身，是其成长中特别想坚持又不得不抛弃的所有一切的具象指代。青春期的李玩，心里有一只属于她的小狗，有她钟爱的"爱因斯坦"。站在教师的角度，一个班级四五十个孩子，每个人都会有自己的喜好，每个人都会有自己的坚持——有人喜欢小狗，就一定有人喜欢小猫、小鸟，甚至小猪佩奇；有人钟情"爱因斯坦"，就一定有人钟情"牛顿""杰克逊""科比"……对此，教师怎么办？我想，首先有两点：第一，要建立一种规则意识，推行一种契约精神，要在理解学生的基础上，帮助学生接受别人的"爱因斯坦"，让自己的"爱因斯坦"和别人的"牛顿""科比"和谐共处，共同成长；第二，要在推进学生认知升级的基础上，指导学生慢慢接受与自己的"爱因斯坦"告别。这样的告别，有的是对原来爱好的升级与完善，有的则是直接的舍弃与转身……其实，一次成长就好像一次分娩，生出来的孩子总是令人喜爱，但是分娩的痛苦，恐怕只有当事人自己才能体会。

三是关于不显山露水、被生活遮蔽的更多的"李玩"。影片中，李玩的遭遇令人同情，尤其是她的孤独、委屈更令人唏嘘。但是，万幸，她的家庭还算富裕，尤其她的家人还算讲理，甚至她的继母也想努力融入一家人的生活。他们在李玩不开心的时候，还有能力、有气度去为孩子买两只小狗做伴。从这个意义上，李玩已经算得上一个幸福的人。在我们的学校里、班级中，还有更多的孩子，家里的条件比不上李玩，远不如李玩"幸福"，可是他们一样要面对青春期的叛逆，依然要经历成长的对抗与妥协、丢弃与和解。他们买不起任何一只小狗；甚至，他们还要遭受家人不一样的乃至更加冷酷的对待；还有，他们可能会比李玩更善于隐忍、更不得不掩藏……于是，他们，变成了一个班级、一所学校最不显山露水、被生活"遮蔽"了的一群人，他们的性格不那么开朗，他们的成绩不那么优异，但是他们那闪烁的眼光与沉默的表情，分明书写着成长的烦恼与对幸福的渴望。这个时候，我们的教师应该在哪里？我想答案是不言自明的。都说"爱自己的孩子是人，爱别人的孩子是神"，可是我要说，爱那些沉默寡言的孩子、爱那些被生活"遮蔽"了的孩子，才是真正的"人师"。而在"爱与会爱"的实践中，每一名教师，其实也都实现了自我的成长，更实现了自己与这个世界的真正和解。

一个家、一个少女、两只狗，电影《狗十三》讲述了关于成长的故事。每个成长中的孩子都是一个现实的、更加真实也更加复杂的李玩，每个真实的李玩，总要面对他自己的"爱因斯坦"和这个世界，对抗还是妥协，丢弃还是和解？需要与成长有关的每一个人，陪同并帮助"李玩"们，做出他们最适切的选择。

选择很难，而且更难的是，有的人要经历不止一次的选择，甚至离开学校之后仍然有一而再、再而三的选择，但是，作为教师，我们岂能置身事外？

　　行文至此，不知怎么，想起了小时候《摇篮曲》中那温暖的画面和充满母性的声音："月儿明，风儿静，树叶儿遮窗棂……"

　　很快，这温暖的声音、理想的画面又被《狗十三》结尾那直刺心底冰冷而又骨感的歌声干扰："夜，深藏于心的夜；花，绽放于血的花。我奔向昏黄迷茫的光，却不觉迷失坠落的慌……"

　　很快，我又释然了，这又有什么呢？理想被骨感替代，温暖与冰冷交织，对抗与和解共存，这本就是生活的本相，也是成长的宿命，更是教育的真谛。

2020 年 2 月 5 日

## 电影 15:《阳光小美女》

# 生活就像一架"老爷车",梦想才是推车人

一个又"衰"又"囧"的家庭,一部合力推动的"老爷车",几个为了梦想而励志的普通人,可以给我们什么样的教益?

"幸福的家庭大多相似,不幸福的家庭各有各的不幸",用这句话来形容新墨西哥州小镇上的胡佛一家再恰当不过了——家里原本五口人,年龄最大的爷爷,是个被养老院"开除"的脾气暴躁、偷偷吸毒,而且有点"色"的老家伙;男主人查理,四处兜售他的"九步成功法",梦想成为一个演讲师,却总不得志,终于到了破产的地步;女主人雪儿,肩负家庭生计重任,还要照顾家庭成员的情绪,比如平息每天的餐桌争吵,看上去就是一个不折不扣的"早更";而儿子德维恩几乎就是一个偏执狂,为了圆自己做飞行员的梦,他暗自发了"哑誓",已经 9 个月不开口讲话;最小的女儿,7 岁的奥莉芙,虽然戴着近视眼镜,长着胖乎乎的小肚腩,却天天看选美节目,盼望自己也成为选美冠军。偏偏雪上加霜,就在这个时候,雪儿的弟弟、奥莉芙的舅舅,因为同性恋情人移情别恋,又失去了工作,且自杀不成,被接到了这个本已够乱、够麻烦的家庭……

这就是 2007 年获奥斯卡最佳原创剧本奖的电影——《阳光小美女》,一开始给我们交代的基本故事背景。需要指出的是,这一家虽然很"衰"、很"惨",但是并不可怜,更不可恶。爸爸、妈妈爱着自己的子女,接纳了自杀未遂的舅舅,还容忍着老爷子的种种恶习;爷爷虽然脾气够坏,却对孙女

充满了爱意，成为支持奥莉芙实现梦想的最强靠山。至于德维恩，虽然不讲话，却也尊重妈妈，爱护妹妹，并且与不速之客的舅舅住在了一起……我想，这是电影在开始的时候给我们交代的第二重背景，也是更重要的背景。导演似乎在教导，或者暗示我们一个基本的道理：生活虐我千万遍，我却待它如初恋。

故事的正式展开来自奥莉芙姨妈的一通电话。原来，奥莉芙最近参加了一项"阳光小美女"的选拔活动，获得了当地的亚军。意外的是，获得冠军的小孩因为犯规，失去了参加决赛的机会，于是，幸运的光环终于落到了小小奥莉芙和迫切需要精神振奋的这家人身上。

爷爷充当奥莉芙的教练，舅舅和德维恩又是特殊情况，不能单独留在家里，于是一家六口坐上了一辆已经破旧不堪的面包车，踏上了去加利福尼亚海边参赛的旅程。

旅程一开始就不顺利。年久失修的"老爷车"挡位杆失灵，每次开车大家先用力推动一下才能启动。更令人唏嘘的是，在接下来的旅程中，几乎每个人都遇到了情绪的纠葛与梦想的幻灭：一直深信成功法则的查理成了被自己鄙夷的失败者，为飞行梦想发哑誓9个月的德维恩发现自己其实是个色盲，感情事业双失败的舅舅还碰上了意气风发的旧情人和情敌，更令人心痛与无奈的是，爷爷在睡梦中再也没有醒来……

普通人家，哪怕遇到其中一件事，都会头疼不已，偏偏胡佛一家都遭遇了。更糟糕的是，爷爷的遗体不能跨区域运送，而奥莉芙的比赛将在第二天下午三点准时开始。

实在无计可施的胡佛一家只有趁医院不注意的时候，偷偷带着爷爷的遗体再次上路。好不容易赶到比赛场地，却还是迟到了五分钟。经过查理的下跪求情，奥莉芙终于获得了参赛机会。但是，随着赛程的不断深入，查理和德维恩发现每一个参赛选手都被"包装"成"小大人""小明星"，每一个选手都是精心准备、各展所长，为了保护奥莉芙的自尊心，他们建议退出比赛。但奥莉芙在妈妈的支持下，义无反顾地走向了才艺展示的现场。

正如查理所预料的，奥莉芙在比赛中全面展示了一个7岁孩子的天真与天性，但跳着爷爷为她排练的舞蹈，还是引来全场的一片嘘声。就在举办方要求将奥莉芙赶下台时，爸爸、妈妈、哥哥、舅舅却勇敢地走上舞台，和孩子共同展现了一家人的亲情之舞、勇气之舞……看着他们自信、勇敢、快乐的表情，我想起了一句歌词"至少还有我"。

比赛，以奥莉芙及其家人的失败而告终；旅程，却以每一个人的信心和勇气重新开始。电影最后，一家人重新推动"老爷车"，重新出发。一个极易被我们忽略，却极富深意的镜头——在前面几次推车、上车时，每个人跳着上车，都有爷爷接应他们，可是这一次，只有他们自己，哪怕是那个只有7岁的"失败者"奥莉芙。

与其他励志电影不同，这部电影一直到最后也没有让我们看到这家人哪怕小小的成功，也许这就是生活的残酷。但是，谁能否认，电影中的每一个人，包括看电影的我们，没能从中感受到一种别样的成功呢？眼前充满了尴尬与苟且，但至少我们还有梦想，还有家人，还有远方……

表面看起来，《阳光小美女》是每个人围绕小小奥莉芙的参赛而展开的轻喜剧，但是本质上，却是一部严肃探讨亲情与个性、成功与失败的"正能量"影片。影片中每个人都很"囧"，但是，每个人都获得了成长，尤其是两个孩子——

"囧"途让奥莉芙明白，生活既要勇敢地"潇洒走一回"，也绝非像看选美比赛那么"花团锦簇"；

"囧"途给德维恩的警醒：生活与成长，绝不是想当然的"一觉睡到18岁"，色盲阻挡了飞行梦，但"只要想飞，就一定能够飞起来"。

作为教师，我们该怎样给更多的奥莉芙、德维恩们讲讲这部《阳光小美女》，讲讲我们各自的生活与成长呢？

与其教育学生，不如先教育我们自己。在给孩子讲述《阳光小美女》之前，我们起码可以先反思三个方面的问题：

一是"早熟"与"天真"，即我们要给孩子什么样的教育。影片中有一个细节，为我们揭示了"不能让孩子输在起跑线上"的焦虑与选择绝非只是"中国特色"。在奥莉芙参加决赛的时候，除了奥莉芙保持了7岁儿童的天真的"原生态"，其他11名选手，几乎全是浓妆艳抹、举止有范的早熟"小明星"。作为教育人，我们怎么看待这一现象？我想，"天真"，虽然迟早要被成熟替代，但是拔苗助长的"早熟"，绝不会带来我们期盼的成长。对此，我们要有足够的警惕。尤其对于幼儿园孩子、小学生，我们更需要做的是——尊重、陪伴与期待。尊重孩子的天性，陪伴孩子成长，并用适合的方式方法，与孩子一起期待属于自己的明天。我一直对一些学校里一遇到重大活动，就动不动让中小学生化彩妆、戴睫毛、披绶带，站在门口或端庄或嫣然一笑，保持一种难言的沉默。这沉默，一半是带着质疑的批评，一半是带着力所难及的无奈。

二是"成功"与"失败"，即我们要给孩子什么样的眼光。"成功"与"失败"就像硬币的两面，如影随形地伴随人的一生。中小学生的教育，在很大程度上未必是指导孩子成功，而是培养他对待"成功"与"失败"的态度。影片中，爸爸查理是一个顽固的成功学的鼓吹者，他认为世界上只有两种人：成功者与失败者。糟糕的是，这种偏颇的甚至是偏执的价值观，一方面给他带来了难以接受的失败，另一方面也很大程度上影响了孩子的价值判断。小小奥莉芙在比赛前一天晚上睡觉时，突然跟爷爷袒露心扉——"我不想当失败者，因为爸爸最恨失败者。"倒是一直玩世不恭的爷爷很耐心地告诉她："真正的失败者，是那种特别害怕不成功的人，连试都不敢试的人。"没想到，这句话竟然成了这位老人的"临终遗言"。

每个人都渴望成功，都在为成功而努力。但是，我们至少必须思考三个方面的问题：（1）所谓的成功究竟是什么？这本身就值得探究，在此我不赘言。（2）如何看待失败？这恐怕比追求成功更重要。害怕失败固然是一种胆怯，不能正确认识失败，更不能理解失败中所蕴含的成功，可能更是一种短视。《阳光小美女》直到最后，都没有带给六位家人成功的感受，但是，从他们最后齐心协力推动"老爷车"，并且一个一个轻松跃上"老爷车"的动作中，我们看到了亲情的温暖，看到了胜利的信心。无数事实证明，绝大多数的成功并不是唾手可得，而是"梅花香自苦寒来"。（3）我们对尝试到底有多大的容忍度、承受度？"Let me try"是许多电影中人物的口头禅。为了成功，为了从失败走向成功，必须鼓励尝试。影片中，大家明知奥莉芙算不上漂亮，可是一家人依然克服困难执着上路；明知最后的才艺展示必定名落孙山，可是一家人依然一起勇敢走向舞台。都说"事非经过不知难"，可是，"事非经过"怎么知道自己不行，又怎么知道怎样才会行？萧伯纳早就告诉我们："一个尝试错误的人生，比无所事事的人生更荣耀，并且有意义。"特蕾莎修女也说过："上帝没有要求你们成功，他只要求你们尝试。"

三是"港湾"与"大海"，即我们要让孩子做出什么样的选择。"男儿立志出乡关，学不成名誓不还"，从小我们就这样被教育，现在，我们又这样教育我们的孩子、我们的学生。一部曾经火热一时的《流浪地球》更是渲染了这样的励志情绪，告诉更多的孩子，我们的理想是"星辰大海"。理想教育本身没有什么错，更是青少年教育中必须强化的"重头戏"，尤其在当前市场经济影响下，社会主流价值观的弘扬和青少年人生价值观的塑造，更成为当务之急。如果说，理想是"星辰"、是"大海"，那么，具体到每一个青少年，我们究竟是从何处出发的，在走向大海的航程中，什么才是我们治愈伤痛、汲取力量的"港湾"？《阳光小美女》告诉我们，这"港湾"就是家庭，就是割舍不断、历久弥深的亲情。哪怕，这样的家看起来那么"衰"、那么"囧"，哪怕这样的亲情实际上还夹杂着每个人难以言说的无奈与苦楚。但是，在走向"大海"的路上，一定要"给我一个家，一个不需要多大的地方，……在我受惊吓的时候，我会想起她"。中国文化向来主张青少年先要"修身、齐家"，而后才能"治国、平天下"。当代中国学生的核心素养，更是一再强调要培养"家国情怀"，这实际上是将"港湾"和"大海"有机统一在了一起。一贯愤世嫉俗的柏杨先生曾经怼天怼地怼邪恶，唯独对家、对亲情，表现了一以贯之的尊重与温情，他说："爱情和亲情不同。亲情爱其强，更爱其弱，一个断了腿，又瞎又聋的孩子，父母爱他会更加倍。而爱情就不然矣，爱情乃爱其强，不爱其弱。"他还说，"父母真正的恩德在对孩子的养育，那才是报不完的亲情所在。自呱呱坠地，到长大成人，有一股神秘的线牵在父母和子女之间。没有孩子，父母的心灵不能充实。没有父母，孩子不能生存发展"……

一部 100 多分钟的电影，其实很难承载太多的教育话题。生活本身要远比电影更精彩、更残酷，也更有滋味。

再掉一次书袋吧——清代初年，在抚顺的高尔山上有一座观音阁，刻着这样一副对联："山逼诸天，到此已穷千里目；门倚半岭，何须更上一层楼。"可是到了雍正年间，两江总督鄂容安却在给镇江甘露寺题联时，删改了一些文字："到此已穷千里目，谁知才上一层楼。"这大概就是不同文人的气象，也该是我们教育人应有的气象。

终究有一天，我们也许会忘记这部并不起眼的《阳光小美女》，忘记电影中人物的名字和他们的故事。但是无论如何，请记得，那一家人一起推动那部"老爷车"的场景。哪怕生活就像一架"老爷车"，请相信，梦想才是最终的推车人……

2020 年 2 月 10 日

## 电影 16：《阳光小美女》

### 一言难尽的"一觉睡到十八岁"

对于孩子，对于成长，时间有时很慢，慢到窒息、慢到残忍，慢到看不到尽头。于是，每个人或多或少都产生过恨不得要"一觉睡到18岁"的渴望……

之前为电影《阳光小美女》写了一篇文章——《生活就像一架"老爷车"，梦想才是推车人》。这之后，有一位同样看过这部电影的朋友和我探讨，提到了影片中一个重要的细节：从不能报考飞行员的失望、愤懑中走出来的哥哥德维恩，与同样从自杀的阴影中走出来的舅舅弗兰克，有过一次海边对话。其中，德维恩坦承了自己在生活中的苦闷和成长的烦恼，提出恨不得要"一觉睡到十八岁"。这个时候，弗兰克说了这样一段话——

你知道马塞尔·布鲁斯特吗？法国作家，彻头彻脑的失败者。从没有过一份真正的工作。得不到回报的单相思，同性恋。花了二十年来写一本书，几乎没有人读。但他也可能是莎士比亚之后最伟大的作家。不管怎样，到了生命的最后时刻他回首往事，审视从前所有痛苦的时光，觉得痛苦的日子才是他生命中最好的日子，因为那些日子塑造了他。那些开心的年头呢？你知道的，彻底浪费了，什么都没学到。所以，如果你一觉睡到十八岁的话，啊，想想你该错过多少？

这真是一次打动每一个人的心灵，搅动每一个人少年回忆的对话。我对这位朋友说，在文章中我其实已经提及这次对话，考虑到文章篇幅没有展开。当然，我一直在思考朋友的提醒，一直在揣摩着德维恩这一句看似没来由的话"一觉睡到十八岁"，觉得还有再说一说的必要。

因为说到底，我是一名教师，天天要与成长中的学生打交道。不管我们的学生会不会出生在德维恩的家庭，会不会遭遇德维恩一样的经历与烦恼，有一个问题我们始终无法回避：孩子们关于"一觉睡到十八岁"的想法，到底是一个特殊孩子的特别念头，还是一种普遍存在的成长现象？而这种成长现象的背后又说明了什么，需要我们教师做点什么？

说实话，真的很钦佩电影的编剧，他们对孩子成长心理的理解与捕捉，比起专门从事教育的人，似乎敏感得多，也准确得多。一句简单的想要"一觉睡到十八岁"不经意地从电影人物口中说出来，真的有一语惊醒梦中人的深刻。我在想，要么就是这个编剧深入地了解了学生的成长，要么就是他自己确实经历过这一段人生希望与苦涩共振、愤懑与无助纠缠的岁月。真正优秀的作品，不是有多么闪闪发光，而是对人的心弦自然而然的拨动。电影如此，教育也如此。

想到这里，我突然明白了两个道理：一是我们真的要打开校门，以跨界的眼光向方方面面的人学习怎么做教师；二是我们平时自以为真理在握，"治大国如烹小鲜"地从事着教书育人工作，殊不知在一些我们最该注意、警醒的地方，却错过了太多教育的机会与可能。

假如我们承认很多孩子都有某种"一觉睡到十八岁"的愿望，我们如何视之思之，又如何处之待之呢？


**我们必须尝试回答，学生们为什么会生发出如此"穿越"的心愿**

我们一直在教导学生要脚踏实地，一步一个脚印地走好成长之路，往往视那种"一觉睡到十八岁"的愿望和心思为不切实际、好高骛远，甚至是消极逃避的行为，却不能设身处地走进学生的内心世界，去发现那不切实际消极逃避背后的"小秘密"。都说教育有时候就像医生把脉问诊，如果一开始我们把脉就不准，那怎么能谈得上因材施教？

回望自己的人生历程，认真观察、分析学生的成长之路，不难发现，之所以有"一觉睡到十八岁"的愿望与呐喊，大概不外乎有以下三个原因：

一是出于少年儿童爱幻想的天性。成长中的中小学生，常常异想天开。爱幻想本身无所谓对错，如何对待幻想才是重中之重。支持孩子的幻想，有人就成了瓦特、成了爱迪生；扼杀孩子的幻想，有人就成了"伤仲永"。

二是源于对生存、生活环境的不满。这种不满，未必就一定是家庭富裕程度的问题，也未必就是孩子自身需求满足程度的问题，而是源于既定环境下，少年儿童所慢慢滋生的生存危机感和成长恐惧感。这种危机意识，乃至恐惧情绪可能来自家庭生活的窘迫，可能来自至爱亲朋的喜怒哀乐，也可能来自教师及其他人有意无意的忽视与伤害。拿电影中的德维恩来说，恐怕并不完全是对这个濒临破产家庭经济困顿的失望与伤感，而更多的是对在家庭中得不到理解、生活中得不到认可的烦躁与叛逆；而拿我自己来说，则是源于对身体都不好的父母双亲的深深的忧虑——甚至做梦，都会梦见某一天因为失去了某一个而惊恐不安……

三是，苦于对学习困难的挣扎。学生时代，最主要的任务就是学习，但是学习本身并不能总是带给一个学生快乐、喜悦，相反，常常是一个充满了艰苦、反复、持久，乃至很多挫败感的过程。认识到了、认同了学习过程的这种双面性，学生的承受度就会更高一些，反之，那种逃离的愿望，就会油然而生。


**我们更要努力用行动去帮助学生去回答，
到底该怎样走向自己的"十八岁"**

日常生活中，特别是在孩子的成长过程中，人们常常对教育、对教师存在两个方面的误解：一是一遇到问题，就会归咎于教育，归咎于教师，一个常用的句式就是："教育的失败""教师的失败"，甚至是"教师的原罪"。说实话，这不仅不切实际，更是夸大了教育和教师的作用。二是一遇到问题，常常会推给家庭，推给社会环境，甚至推给偶发现象，这也有一个常用的句式："我教了那么多年、那么多学生，都没有遇到这样的事，见过这样的人。"平心而论，这未免就有了一丝辩解、推脱的嫌疑。其实，教师就是教师，除了一颗同理心和智慧的大脑，他既没有特别的权力，更没有呼之即来挥之即去的资源。我们不能包办孩子成长中的一切，但是，只要我们再耐心一点，只要我们再细心一点，我们还是能做得更好一点。

具体到面对现实中存在的想要"一觉睡到十八岁"的学生，我们到底该怎么办？

一是我们可以有更真切的理解。要进一步找准时机，走进学生，更真实、更全面地把握他们的所思所想，带着一颗真诚的同理心，去理解学生的喜怒哀乐。如果我们承认，就会发现发出想要"一觉睡到十八岁"呐喊的人，常常有一种难与人言说的孤单与自怜，那么，我们对孩子真切的理解，即使不能为他做更多，也会让他觉得从教师那里得到了一丝虽微不足道却至为关键的温暖。

二是我们可以有更真诚的陪伴。作为一名普通教师，或许根本就做不到刘欢唱的"路见不平一声吼，该出手时就出手"，更难做到扁鹊、华佗那样药到病除，让人焕发青春，但是，我们起码还可以有无言的、真诚的陪伴。电影中，当德维恩明白了色盲将会导致自己永远不能实现做飞行员的梦想，而强行要求停车，在高坡下歇斯底里喊叫、发作时，妈妈充满爱意、苦口婆心的劝说丝毫不见成效。这个时候，7岁的奥莉芙走了下去，她没有说一句话，只是蹲在哥哥的身边，轻抚着哥哥的后背。很神奇地，德维恩随着奥莉芙上了车，一家人重新踏上了旅程。

这么多年，我到过许多乡村学校，认识了许多乡村教师，这些学校的办学条件很简陋，教师的教学技能也未必最好，但是，就是这样一群教师，从孩子入学到孩子离校，一直陪伴在学生身边，即使放学后，不少教师依然要和学生一起坐上校车，直到把最后一名学生安全送回家。"桃李不言，下自成蹊"，教师今天点滴的陪伴，一定会换来学生敢于直面成长中的任何困难，努力创造美好未来的信心和勇气。

三是我们可以有更真实的改变。教师的教学未必能够改变学生的一切，但努力让自己的课堂变得更有趣一些，更智慧一些，哪怕，学生的参与面更多一些，在教室里安排座位和在课堂上提问更公平一些，都一定会投射在学生的脑海中，转化为他实现从"苦于学习—不反对学习—喜欢学习—学会学习"重大转变的实际行动。这样，学生对我们前面所说的学习过程中的那种"艰苦、反复、持久，乃至很多挫败感"，就会有更多的心理准备，就会有更大的耐挫力，甚至还可以转化为"苦中作乐""自得其乐"的愉快体验。

**每一个孩子都会遭遇成长的烦恼，每一名教师都有责任也有可能帮助学生直面一言难尽的"一觉睡到十八岁"的心思和渴望**

这心思中有忧虑也有责任，这渴望中有苦涩也有机会。有时候，教师就像阿基米德一样，只需要一个小小的支点——更真切的理解，更真诚的陪伴，更真实的改变——或许就会撬动学生成长，去共同回应《阳光小美女》中德维恩与弗兰克舅舅的灵魂对话："不管怎样，到了生命的最后时刻他回首往事，审视从前所有痛苦的时光，觉得痛苦的日子才是他生命中最好的日子，因为那些日子塑造了他。……所以，如果你一觉睡到十八岁的话，啊，想想你该错过多少？"

夜，深了。不知怎么又想起了2000多年前的《黍离》："彼黍离离，彼稷之苗。行迈靡靡，中心摇摇。知我者，谓我心忧；不知我者，谓我何求。悠悠苍天，此何人哉？"

2020 年 2 月 11 日

## 电影 17：《我是山姆》

## 仅有爱不够，还要"有很多时间"

一位只有 7 岁智商的父亲与一位聪明懂事的 7 岁女儿的日常生活，带给我们关于爱和如何爱的思考……

今天说一说拍摄于 2001 年的一部美国电影《我是山姆》：在咖啡店打工的山姆是一位只有 7 岁智商的成人，他细致、热情、认真、友善，在某次收留了一位流浪女之后，生下一个可爱的女儿。山姆在他不多的知识库存中，想起了披头士乐队的 *Lucy in the Sky with Diamonds*《天空中佩戴钻石的露西》，于是给这个孩子取名露西。

露西的成长之路并不平坦，甚至有点悲伤。母亲在她尚在襁褓中故意出走，爸爸山姆在手忙脚乱中照顾她。所幸，山姆得到了邻居、咖啡店老板，还有一群朋友的帮助，更庆幸的是，露西越长越可爱，越长越聪明，越长越懂事。

7 岁的露西感受到山姆对她全天候陪伴、全身心付出的爱，也心疼爸爸在无法指导她阅读更深文本时的尴尬与无助，于是每每假装看不懂新文本，不愿意学习新东西。这引起了幼儿园和社区关心儿童组织的关注。不久便上演了社区与山姆争夺露西抚养权、监护权的戏码。政府和公益人士的爱，就这样撕裂了父女情深。

我们看到了山姆慌乱中的绝望，奔走中的坚持；也看到了露西无声中的等待，等待中的思念；也看到了原本并不相干的一群人的努力：从咖啡店老板到邻居安妮，从律师丽塔到露西的养父母，从做证人的医生到那些单纯的老友……在大家的共同努力下，深爱彼此的父女俩又幸福地生活在了一起。

怎么看待这部电影呢？

从表面上看，这是一部关于深沉而又独特父爱的类型电影。古今中外，大多承认父母恩重如山。在每个人的记忆中，往往会觉得母亲更亲切一些，而父亲的爱则显得更加沉重，更加严肃。也许那是因为父母角色分工的不同吧。在这部影片中，父亲山姆完全颠覆了我们原有的关于父亲的形象。他用他只有 7 岁的智商，淋漓尽致而又温情款款地为露西，更为所有观众展示了一个特别的父亲的样子。也许正是如此，香港地区放映这部电影时，直接翻译为《不一样的爸爸》，而台湾地区的翻译可能更煽情，片名是《他不笨，他是我爸爸》。反正，《我是山姆》越往后看，我越会想念起已经离开我整整20 年的父亲，也更深刻地理解了很多年前时常哼起的那首《酒干倘卖无》：假如你不曾养育我，给我温暖的生活，假如你不曾保护我，我的命运将会是什么？

从本质上看，这是一部关于以爱心交换爱心、以爱心唤醒并凝聚爱心的"主旋律"电影。影片一开始，街坊、邻居、咖啡店老板和顾客，都表现出对山姆的尊重与喜欢，这一方面源于山姆的友善与细致，另一方面何尝不是源于芸芸众生内心中"本我"的善良？随着情节的深入，山姆父女之间的爱令我们动容，而来自邻居安妮、律师丽塔以及养父母等"他人"的爱更让我们欣喜。甚至那些刻意要争夺孩子抚养权的公益人士及反方律师，也是在从另一个角度捍卫对一个孩子的爱。影片中有一个细节令人感慨，也令人感到温暖：山姆为露西买鞋子时，发现钱不够。这个时候，跟着上街的每一个朋友都倾其所有，仍然没有凑齐。后来，善良的营业员免去了零头，并给每个人送了一只红气球。当六七个大人带着一个小小孩，每个人都举着一只红气球满怀喜悦，甚至满怀骄傲地过斑马线时，我知道，这个时候，每个人都是露西的父亲，而晃动的红气球则告诉我们——有爱的世界不孤单。

更为重要的是，山姆与露西之间纯粹、醇厚的爱，不仅给自己带来了幸福的大结局，更唤醒了更多人对爱的思考与改变：安妮，初步走出了自闭的阴影，在提到自己父亲时忍不住潸然泪下；养父母，与山姆共享了露西的抚养权，更升华了自己的胸襟。至于丽塔，更走出了过去的自私、伪装与浮华，真诚地拥抱了自己的儿子，也拥抱了一个更美好的世界。正是各方面爱心的不断唤醒与凝聚，才有了影片结尾，所有邻居、朋友聚在一起共享一场由山姆担任裁判的小朋友足球赛的美好大结局，更让我们对山姆和露西未来的生活充满了信心。

爱，是一个简单的字眼。每个人都渴望爱，可是，如果你不付出，不像山姆那样，如同一个孩子般地全力以赴不计较地付出，怎么会赢得爱，怎么会享受真正爱的欢愉？

从教育的视角看，这是一部反思儿童成长，乃至成人教育的探索片。大概每个人小时候在与大人置气时，都说出过"谁让你们生了我"之类的气话。有的人即使没这样说过，恐怕心底也难免有这样的困惑与心结。是的，人的出生也许无从选择，但人生的道路却跟我们接受什么样的教育、遇到什么样的教师息息相关。影片中，山姆开始是露西的教师，他以不善言辞的行动，给了孩子更多的陪伴，培养出一个从小聪明伶俐并且更加懂得反哺回报的小萝莉；后来山姆和露西又分别成了安妮、丽塔、养父母等更多人的教师，大家从这对父女身上学会了怎么对待孩子、生活和自己。

还有一点，我们不妨进一步拓展一下思维：由于山姆的智商其实也只有7岁，因此，山姆与露西的故事，是否可以抽象为两个7岁儿童在生活中相互学习与成长？这样一来，就转化出如下思考：我们究竟怎样做，才是对孩子们更适合、更好的教育？

首先，回到"7岁孩子的法则"，这是所有学习的起点。影片中，山姆的缺陷是显而易见的，但是，再有缺陷的人也有生活的权利，更有追求更好生活的权利。他总是以7岁孩子的眼光和思维去看人、看世界，并由此形成了自己的"生存密码"与"生活法则"：仔细、热情、友善、专注、付出。他不会掩饰自己，不会对一个高智商的律师说排练好的台词，哪怕他是多么迫切地想要孩子回到自己的身边。他也会愤怒，可是更多的时候是无助、绝望，还有一再绝望之后的不放弃。也许，这就是人们常说的"一根筋"。可是，这"一根筋"除了引起我们的不适甚至不快之外，是否能唤起我们更多的责任与担当，启迪我们对于成长中的学生更多的理解与呼应？我对这样的孩子本来并无太多了解。某年国庆节，我和同事们一起到镇江特教中心参加一个共建活动，了解到学校有一名毕业生，在一个奶茶店里逐渐成为最受欢迎的服务员。看《我是山姆》时，我想到了这个学生，也更进一步理解了山姆。

首先，无论是教育心理学的常识，还是我们自己的成长经历，都告诉我们：成长中的孩子大多是孤独的，有的还是"一根筋"，教育这样的孩子，没有绝招，没有捷径，只有更深入地了解。某种程度上可以说，不了解"7岁孩子的法则"，就没有资格去从事7岁孩子的教育工作。影片中有一个细节值得我们警惕：在一次幼儿园的亲子活动中，露西和另一个孩子回答问题，"无知"的山姆除了一味夸赞露西外，几乎不知道说些什么；而另一个父亲，总是用自己的专业知识，在孩子遇到难题时越俎代庖地提醒儿子，反而引起了孩子的尴尬与不快。山姆对露西说，这个父亲说得太多了。在我们看来，这个父亲的爱用错了地方，因为他根本就没有走进孩子的内心，没有理解"孩子的法则"。"回到7岁孩子的法则"，也许就是所有教育的起点，只有回到儿童的"法则"，才能带着他们、陪着他们走出既定的"法则"，并创造全新的生存或生活的"法则"。这，大概才是因材施教，大概才算得上是"适合的教育"。

其次，"需要始终如一，需要耐心，需要聆听"，这是所有教育的原则。影片中，山姆说到自己怎么做一个父亲，有一句话很耐人深思："好父母需要始终如一，需要耐心，需要聆听，即使听不进也要假装听。"有时候，生活确实很残酷，却往往能成全自己很多。无论如何，比起我们这些健全的人，山姆的生活肯定窘迫不已，甚至山姆都不算一个正常的人，更很难承担起作为"第一教师"——父亲的全部职责。可是，也许正是如此，正是他日复一日的倾听、专心致志的倾听，以及在倾听基础上为孩子心甘情愿的付出，反而给了露西一个自由成长的小环境，让她在生活中感受一切，提出更多问题，比如：

"爸，为什么雪是一片片的？"

"因为雪……因为就是一片片的。"

"爸，芥末是什么做的呀？"

"是黄色的番茄。"

"爸，瓢虫只有母的吗？有公的吗，叫什么呢？"

"是的，叫甲壳虫。"

"爸，天空有尽头吗？"

"爸，为什么月亮要跟着我走呢？"……

也许，正是诸如此类让山姆无从招架却也没有表现出丝毫反感的问题，一方面让露西感受到了发乎自然的、无时不在的父爱，另一方面更打开了她大脑这一神奇的学习的"黑匣子"，实现了初步的体验式学习、问题驱动学习和自主性学习。

山姆无意之间说出来的这句话恰恰道破了教育学的一个基本原则：任何好的教育虽说离不开一定的灌输，却肯定不能止于灌输。这，大概就是苏格拉底说的"不是灌输，而是点燃火焰"。

再次，真正的教育其实就是对自己困顿生活的反思与超越，这是所有教育者必须有的自我成长。孩子离不开教师的培养，可是教师首先要具备自我成长的能力。人之为人，总有分工的不同，总有如意不如意之别，总有日子好坏之分。在别人眼中的美好就是真正的美好吗？影片中有一个桥段：在做了太多太多，却不能阻止就要失去露西抚养权的时候，几近崩溃的山姆和他眼中"完美的人"丽塔律师，有过一次彼此内心爆发的对话——

山姆：你不懂。当你一直努力，一直努力，一直努力，一直努力，可就是无法成功的心情是怎样的！因为你天生就是完美的，而我天生就是这个样子！

丽塔：哦，是真的吗？

山姆：像你这样的人根本不懂！

丽塔：像我这样的人？

山姆：像你这样的人不懂受到伤害是种什么感觉，因为你们根本没有感觉。你们不懂……像你这样的人根本感觉不到任何东西！

丽塔：你觉得只有你才知道什么是人类的感受吗？让我来告诉你像我这样的人的感觉吧。像我这样的人总感到失落，觉得自己渺小而丑陋，可有可无；像我这样的人，老公在外面跟比我更出色的女人在一起；像我这样的人被自己的儿子厌恶。我……我朝着他，一个七岁的小孩，大吼大叫，就因为在我去接他的时候他不肯上车。他愤怒地看着我，这让我恨他，于是我大吼："我知道我让你觉得失败！我知道我让你觉得失望！我知道你应该得到更好的，但现在你给我钻进这该死的车里去！"就好像每天早上我起床，我就是个失败者。我环顾四周，大家看上去都干劲十足，但我不行！无论我如何努力，我永远做得不够。

……

这段对话，其实就是生活在不同世界的两个人的灵魂碰撞，也更是两个人在加深理解和认同之后的超越与成长。对于两位演员，尤其对于女演员来说，很考验功力。但是，听着丽塔带着情绪的波动一气呵成、一泻千里地发泄内心的困顿与痛苦的时候，我知道，这并不只是她一个人的痛苦，它属于我们每一个人。只是生活的忙碌或者生命的麻木，让我们变得更善于隐忍，甚至更善于伪装。

就影片情节来看，这次的灵魂对话，一方面，真正推动了丽塔对山姆的真诚帮助，为后面的父女团圆埋下了伏笔；另一方面，又反过来让丽塔进一步认清了自己，为后来更和谐的母子关系、更淡定的生活态度奠定了基础。

由此推及教育的视角、教师的眼光，我想它对我们最大的启迪就是，一个没有经历过内心纠结困顿的人，根本无法理解一个孩子"成长的烦恼"，无法理解一个家庭"孩子的困境"。一个始终带着内心纠结与困顿的教师，根本就无法做学生成长的陪伴者、摆渡人。作为一名教师，只有不断正视自我、反思自我，进而超越自我，才能真正成为学生成长路上的良师、人师。也许，这就叫教师的自我发展，也就是教师作为一个个体的自我治愈。

山姆，是一个生活中的弱者，可是，他分明又是直面生活的强者。在法庭上，他以并不流畅的节奏、最深沉的情感，这样诉说："很多地方我不如你们，但是也有某些地方我比你们强，比你们任何人都强。"

影片的结尾，山姆又告诉我们这样的"人生秘诀"："我会有很多的时间去考虑怎样做个好父母，那需要耐心、聆听、爱心、尽我所能，我不是个完美的父亲，但我会尽我所能！"

是的，生活需要爱，可是爱的背后，更需要时间。做父母如此，做教师，更是如此。

真希望，很多年后的某一天，我的学生遇到我，也会像露西对山姆说的那样：我很幸运，你和别人不一样，你有很多时间陪伴我……

2020 年 2 月 12 日

## 电影 18:《小猫钓鱼》

# 小猫到底钓到什么"鱼"?

一部 70 年前的电影,一部只有 14 分钟的动画片,却很可能成为教师成长的鲜活"样板"……

今天要说的这部电影,是只有 14 分钟的动画片《小猫钓鱼》,它的故事还曾写进小学课本;它的插曲更加经典——"太阳光,金亮亮,雄鸡唱三唱……"

这首歌,您一定听过。它就是我们耳熟能详的《劳动最光荣》。

故事很简单:猫妈妈和妙妙与咪咪姐弟住在一起,妈妈教他们俩钓鱼。妙妙很认真,咪咪却总是不专心。后来,在妈妈的教育和自己的反思下,咪咪有了变化,并成功钓到一条大鱼。

故事的主题思想也不复杂,只有两点:一是教育小朋友们要从小爱劳动——想吃鱼,就自己钓;二是无论是劳动,还是做其他事情,一定要专心。

一部主题很清晰,人物很稀少,特别是时间只有区区 14 分钟的动画片,又有什么值得细说的呢?

我想,时间会带走不少东西,也一定会积淀下不少东西。《小猫钓鱼》中有许多东西值得我们细究、借鉴和反思。有些问题,已经超越了影片 14 分钟的容量;有些问题,更越过了 70 年的时间长度,至今仍犹有探讨的必要,比如,小猫这次专心了,下次会不会再受其他干扰?再比如,70 年前的咪咪,最终爱上了自主劳动，今天，我们新一代的咪咪们，怎么看待劳动？

那么，就让我们从教育的视角重新看一遍《小猫钓鱼》。

——时间与空间：影片分别呈现了"某天早晨的池塘与家里""当天上午的鱼塘""回家之后的餐厅""N天以后的某天上午的晒鱼""晒鱼之后的池塘"五个时间段和五个重要场景，随着时空的逐渐演变，记录了咪咪从不安心钓鱼到专心致志钓到大鱼的过程，记录了妈妈循循善诱教育孩子的过程，也记录了咪咪自我反思、自我成长的过程。

——情节与镜头：随着时空镜头的转换，影片依次呈现了"起床""洗脸""路上追蜜蜂嬉戏""钓鱼""吃鱼""晒鱼""再次钓鱼"七个桥段，其中第一次钓鱼又分成"妈妈和妙妙钓到了鱼"和"咪咪没有钓到鱼"这两个对比镜头。前三个情节是铺垫，表现了咪咪热情好动、三心二意的特点；第四个情节是主体，用对比的手法进一步表现池塘边上的咪咪不能专心致志，最终颗粒无收的尴尬；第五、六个情节是烘托，表现了妈妈的正面教育与咪咪的自我教育历程；第七个情节是高潮，经历过失败与反思的咪咪，终于以钓鱼成功证明了自己的成长。

——人物与角色：妈妈——有爱心、有耐心、有方法的教育者；姐姐——勤快乖巧、心灵手巧的好学生；咪咪——热情、活泼、聪明、贪玩又善于自我反思、自我成长的学生。辅助角色四个：蜜蜂——承担在去钓鱼的路上"干扰"咪咪的任务，以反衬这个孩子的性格。蜻蜓、蝴蝶——承担钓鱼过程中的"干扰"任务，进一步烘托咪咪的个性与进步。他们第一次"干扰"完胜，第二次干扰则"完败"。青蛙——略带"恶作剧"的小"反派"，悄悄在水底下做"手脚"，将烂草鞋挂在咪咪的鱼钩上，害咪咪空欢喜一场，以反衬咪咪不专心必然导致失败。这四种角色综合起来，代表的是什么？我想，也许就是生活。生活总会给我们的成长出很多题目，有时甚至是难题和考验，但是，你战胜了生活，你就走向了成长。

如此细致分析完之后，便可以开始教育的追问：《小猫钓鱼》到底钓到了什么"鱼"？或者也可以说，我们可以从《小猫钓鱼》中想到什么、汲取什么？

首先，孩子心中的世界是个什么样子，又会变成什么样子？对于一个刚刚睁开眼睛看世界、蹒跚学步"走江湖"的孩子来说，更多的是通过感觉思维、天真情感来看这个世界，并开始与这个世界打交道。世界，在一个孩子的眼里大概是什么样子呢？《小猫钓鱼》这样告诉我们：柔美、轻快的音乐中，第一道曙光，像在漆黑舞台上突然"射"过来的光柱，照在安静、隐秘的池塘，荷花摇曳着轻风，开始展现她迷人的身姿，鸭宝宝们忽然睁开了眼睛，鸭妈妈正准备带着他们去池塘深处觅食……镜头就这样从高到低、从远到近、从虚到实，很自然地摇到猫妈妈的家里。猫妈妈轻轻推开窗户，硕大的太阳正绽放笑脸，呼唤着床上的两个"小懒猫"快快起床……

这就是影片中咪咪所处的环境，象征着一个儿童最初认知世界的样子。一切的儿童教育，都必须从这样的儿童世界出发，都必须尊重儿童最初的视角。为什么说母亲是孩子的第一任教师，也是孩子最好的教师？因为母亲对孩子的态度，总是"平和而热烈，宁静而欢快，神秘而美好，亲切而友善"。哪怕一个脾气再急躁，甚至没孩子时再骄横的女性，一旦有了孩子，也会变得温柔如水。您看过程砚秋先生创排的名剧《锁麟囊》吗？薛湘灵小姐在娘家时是何等的骄傲乃至不讲理，可是生了小孩之后，像变了一个人似的，耐心而温柔。这固然与她的先天秉性有关，更与她所必须承担的母亲与第一任教师的角色有关。事实上，影片中猫妈妈的教育，就是那样亲切温柔、循循善诱。我们做教师的可以得到两点启示：

一是儿童心中的世界，就是我们教育的起点，也是我们应有的教育态度。不尊重儿童眼中、心中的世界，不能给儿童带来他所习惯和喜欢的美好，我们就不配做儿童的教师，就不配对儿童实施所谓的起点教育。

二是儿童心中的世界将会变成什么样子，是我们教育的使命，也是我们应有的教育艺术。儿童的世界是美好的童话，但是这样的童话不会一直如此，因为生活本不是童话，远比童话复杂得多，严峻得多。如果把成长比作一幅渐次展开的长卷，那么教育和教师就是陪伴、帮助每一个儿童，不断读懂这幅画，并亲自来作画的"摆渡人"。对此，完全欺骗儿童，刻意隐瞒生活的真相，试图让儿童永远生活在童话中的教育肯定不行，事实上，也根本隐瞒不住。反过来，不尊重儿童的认知习惯和特点，不分青红皂白、不讲技术与艺术，对儿童刻意揭示所谓生活的"阴暗面""暗礁石"，恐怕也不是好教育。儿童教育最需要的是潜移默化。影片中，妈妈的教育除了正面的循循善诱，更有放手让咪咪奔走、尝试，让他终于在感受到蜻蜓、蝴蝶等"好玩"的特点之后，自己去发现这些"好玩"的玩伴给自己带来的干扰与失败，进而在不断丰富的生活情境中，自己去感悟、认知生活的辩证法。

至此，我们似乎可以回答刚才提出的第一个问题——儿童心中的世界是美好的。作为教师，一要尊重儿童的美好感受；二要维持儿童的美好感受；三要支持、鼓励、引导儿童去深入感受、发现生活本有的样子，逐步在其认清生活真相和本质的基础上，培养其适应生活、创造生活的能力，并尽可能在复杂的生活过程中，使其始终保有美好的初心，同时创造更多生活的美好。

其次，真正优秀的教师该怎样从事儿童教育？又怎样创新儿童教育？几乎所有的教育家，从孔子到苏霍姆林斯基，从杜威到陶行知，都告诉我们，教育的真谛是爱，教师的初心是爱。可是，到底什么是爱，特别是到底怎么将教师内心的爱，转化为教师的行为与学生成长可见可感的成效？这是最重要，也是最难的。我常常会胡思乱想，当初为什么诺贝尔没有设立教育奖？大概就是因为这样最基本的教育问题，千百年来还没有一个正解。

来看看猫妈妈是怎么教育妙妙和咪咪的，或者换言之，她是怎样把对孩子的爱转化为自己的教育实践，并不断改进与创新的？我以为，她有四个"秘密武器"：

一是将心中的爱转化为最基本的信任。一开始的时候，猫妈妈没有不厌其烦地教孩子们注意事项，而是让他们自己选择地方，按照自己的喜好去钓鱼。即使第一次咪咪没有钓到鱼，妈妈也没有批评他，而是说"我们先回去吧，下次再来钓"。吃饭时，姐姐调侃、挖苦弟弟只知道吃鱼，却钓不到鱼时，妈妈反而为咪咪说话："弟弟一定会钓到鱼的。"一切教育的成功，无不是从信任开始的。信任，应该是教师最基本的武器。

二是将心中的爱转化为最有效的技术。在教导孩子钓鱼，特别是在培养咪咪热爱劳动、专心致志的良好习惯的过程中，猫妈妈虽然言语不多，却分明采用或创新了至少四种教育技术：（1）循循善诱的正面教育，她几次提醒咪咪，为孩子们耐心讲解，"要专心，要专心"；（2）深入现场的体验教育，猫妈妈不是在家里、不是在岸边教孩子钓鱼，而是一开始就把他们带到池塘边，让孩子们"在钓鱼中学会钓鱼"；（3）以身作则的示范教育，猫妈妈作为一名钓鱼高手，并没有满足于背着手在池塘边做孩子们的"教练"（她完全有资格这么做，而且很多教师事实上也是这么做的），而是和孩子们一起装蚯蚓、甩钩子，然后耐心等待，终于钓上鱼来，正所谓一次榜样示范胜过一百句"空口白话"；（4）有的放矢地重点教育，针对妙妙不会钓鱼，咪咪又不安心钓鱼的现象，妈妈边说边示范，要求孩子们"关键是要盯住鱼漂"。通过这样的示范和指导，妙妙很快钓到了鱼，而后来，咪咪也是战胜了蝴蝶、蜻蜓的"干扰"，睁大眼睛盯住鱼漂，终于钓到了生平第一条大鱼。任何教育的成功，都离不开"点石成金"的有效技术。技术，应该是教师最直接的武器。

三是将心中的爱转化为最关键的自主。影片中，猫妈妈的主要策略有三点：（1）以放手行动点燃孩子的自主，给每个孩子一根鱼竿，让他们去先"折腾"；（2）以适度的点拨与失败后的鼓励激发孩子的自主性，始终相信咪咪能够钓到鱼；（3）以合作学习的创新刺激孩子的自主性。影片中的姐弟俩实际上组成了一个合作学习小组，通过彼此之间的竞争与帮助，最终激发了咪咪学习的主动性和创造性，从而达成了培养其专心致志的能力和钓鱼本领的教育目的。放手让孩子行动，鼓励学生不怕挫折失败，善于采用"兵教兵"的策略，最终带来的是孩子自主生活、自主创造能力的提高。任何教育的成功，归根到底离不开自主成长的路径。自主，应该是教师最核心的武器。

四是将心中的爱转化为更直接可感的公平。学习与成长从来都是一条充满了艰辛、苦涩的道路，对于绝大多数学生来说，教师最大的问题，或者说对教师最大的不满，也许并不是教学技术的高低，而是教师的不公平。影片中，姐姐通过学习先钓到了鱼，可是在她挖苦弟弟只知道吃鱼时，妈妈毫不犹豫地打断了她，给了咪咪信心，也给了妙妙教育。这个细节说明了什么？当然是爱，准确地说，是对每个孩子公平的爱。没有这种公平，就难以树立起咪咪的自信，同样也难以促进妙妙自身的成长。任何教育的成功，就其本质而言，离不开公平的保障。公平，应该是教师最阳光的武器。

再次，儿童真正的学习到底学的是什么？又将怎样持续下去？说了这么多对儿童的态度与儿童教育的方法，可是，我们必须再追问一句：《小猫钓鱼》的主角到底是谁？如果是妈妈，那么，它就是一部重点关注"教育"的影片；如果是咪咪和妙妙，那么，它就是一部关于"学习"的影片。人的成长过程，离不开教育，更直接取决于主体的学习。所以，说一千道一万，最好的教育，就是让学生好好学习；最好的成长，就是让学生学会学习。

《小猫钓鱼》中，咪咪和妙妙到底学到了什么呢？

第一，学到了钓鱼的技术与方法。授之以鱼不如授之以渔，这是学习的重要追求之一。

第二，孩子们学会了怎么做人和做什么样的人。猫妈妈关注孩子们钓鱼要"注意鱼漂"，可是更关心孩子们"要专心""要有信心"，乃至具体化到在孩子们起床、洗脸等细节上，更关注孩子们的人格培养。比如，阳光初升的时候，妈妈就亲切地叫孩子们起床，在咪咪对着脸盆淘气地吹泡泡的时候，妈妈又提醒他赶快洗脸……

第三，在潜移默化中培养了孩子对待自然与他人的情感、对待世界与自我的价值观。这就是对自然的友好、小朋友之间的互助，还有自己自食其力、从小爱劳动的自觉，这样的情感学习、这样的价值观体验，不仅与儿童对世界的最初认知高度契合，更为孩子就此走向更宽广的生活奠定了基础。从这个意义上说，影片中旋律清新优美、歌词朗朗上口的《劳动最光荣》，不只是为了倡导劳动、培养习惯，更是为了涵养儿童情感、濡染儿童价值观的学习。

电影中，咪咪最终战胜了蝴蝶、蜻蜓的"干扰"，也摆脱了青蛙的"捣乱"，终于钓到了鱼，初步改掉了不专心的毛病。可是，请你告诉我，下一次呢？更长远的今后呢？假如遇到更大的诱惑、更大的干扰、更大的捣乱呢？成长，是一个漫长的过程，教育更是一项长久的接力。我们不能苛求一部 14 分钟的动画片，满足所有对教育、对学习、对成长的追问，我们只能以更扎实、不懈的行走与实践，做出我们自己的回答。

2020 年 2 月 15 日

## 电影 19:《伴你高飞》

## 居家"孵蛋"的日子

虽然没有跌宕起伏的故事情节，却是一部让人感到足够温暖的电影。

很多时候，说起这世界上的道理和生活中的心得，所谓专家学者与我们平头百姓并没有什么太大的区别。比如，几个关系再好的人，也经不住天天窝在一起。美学家、哲学家称为"距离产生美"，我家乡的大爷大妈却说是"亲眷远离香"，而另一句"土话"则从反面揭示了一个似乎颠扑不破的道理："牙齿跟舌头再好也有咬破的时候。"

所有这些，似乎都指向了一个再明白不过的事实和人们生活中屡见不鲜的现象——"相爱容易，相处难"。

想想看，两个完全不同的人，来自不同的生活环境，有着各自不一样的生活经历，仅仅因为外貌或某一方面的志同道合而走到一起，刚开始的时候，两个人的共同点大于甚至是遮蔽了不同点，但是时间一长，两个人的不同点开始占据主角，久而久之，当初的卿卿我我就很自然地被彼此埋怨取代，有的甚至导致恋人、夫妻一拍两散。很多人如此感叹：所谓爱情，总是因误解而走到一起，因理解而分开。

恋人之间"相爱容易，相处难"，家人之间，同一种环境生活，同一个灶台吃饭，又会如何呢？

一般来讲，亲情本身就包含着极大的包容与妥协的成分，"关起门来吵架"是我们这个民族传承至今的古训，"兄弟阋于墙而外御其侮"则是我们绵延五千余年文化留下来的可贵的精神财富。

但这一切并不能掩盖家人之间，甚至父子（女）、母子（女）之间相处的尴尬与存在的问题。尤其是遇到需要更多时间相处的时候，比如，这一次的居家抗疫。

这个特殊的疫情长假，让此时本该在学校蹦蹦跳跳或者刻苦学习的所谓"神兽"们，不得已和父母们一起，待在他们早已习惯却未必"喜欢"的家里。除了在网络世界里了解世界、关注疫情、与朋友交流和必要的"停课不停学"的学习外，就是和长辈全天候相处，一起面对每个家庭都必有但未必都一样的家长里短、鸡毛蒜皮。

看起来，这样一次新冠疫情，有太多的让人"没想到"，也有太多的让人"想起来"。其中，在家人相处方面，最特别的一点就是：一方面，让许许多多的家长"没想到"，一下子遭遇了亲子教育的危机；另一方面，让更多的平时对教师横挑鼻子竖挑眼的家长，终于"想起来"，原来，做一个孩子王，多么不容易！

如果一次疫情，能够让父母与孩子之间增进理解，让学校和家庭、教师和家长增进交流，那么，也算新冠疫情一点意外的"贡献"了。

说起长时间居家的亲子矛盾，有一部1996年美国哥伦比亚公司出品的电影《伴你高飞》值得说一说，以下剧情介绍引用、改写于"百度百科"：

13岁的爱米和妈妈一起外出旅游，一次交通事故夺去了妈妈的生命。爱米跟着早已离婚且久未谋面的父亲来到了农场生活。父亲酷爱飞行和发明，但这一切却让爱米感到很不适应。父亲努力通过多种方式想要弥合、拉近父女关系。在一片被开发商推倒的树丛中，爱米意外发现了一窝大雁蛋。爱米将这些雁蛋带回家，用自己的衣服和灯泡做了一个简单的孵化箱，一天天等待着小雁出壳。终于有一天，小雁出壳了！出于本能，小雁会把他们出壳后第一次看到的活的动物认作是自己的妈妈。于是，爱米就成了雁妈妈，小雁们始终寸步不离地跟着她，在她身后争先恐后奔跑着……

在这些小雁身上，爱米重新找到了快乐。

可是，按照政府的规定，野雁不可以被家养。为了让这些野雁重返自然，为了让爱米从失去母亲的悲伤中解脱出来，父亲卖掉了自己心爱的月球登陆舱，为爱米做了一架像大雁一样的飞机，教会了爱米飞翔。

爱米和父亲驾驶着飞机，带着雁群，向大雁过冬的地方——安大略湖飞去。

阳光下，爱米的野雁在湖水中自由嬉戏，南方的太阳柔和地给它们披上了一层温暖的光……

这部电影的主题其实更关注人与自然的关系，突出自然保护的问题。但其中爱米和父亲从陌生、隔阂乃至冲突到走近、理解，再到走进彼此情感和心灵深处的经历，仍然可以给疫情居家的我们以诸多的启迪。

电影中，爱米把大雁蛋带回了家，带着期待，更带着忍耐经历了一段时间的"孵蛋"过程。我们在学校停课的日子里长时间居家带孩子，不也仿佛就是一个"孵蛋"的过程吗？

只是，我们到底"孵"出了什么"蛋"，是"孵"出了快乐，还是"孵"出了烦恼；是"孵"出了家人的成长和家庭的幸福，还是"孵"出了彼此的冲突乃至伤害，则是由我们的心态与言行决定的。

至少，从我前面列举的现象中，我们看到的似乎大多都是我们未曾预见，也决不想要的——"蛋"。

总体来看，这次疫情居家"孵蛋"期间，父母与孩子的矛盾主要表现在以下五个方面：

一是时间与健康方面。对于大人来说，这次疫情，算是终于有了"睡觉也是为国家作贡献"的机会，可是对孩子来说，却是真正的想睡就睡、想醒就醒，可着自己的性子玩。三两天尚可，时间一长，父母肯定要关注，肯定要干预，于是，矛盾自然会发生。

二是观念与思想方面。长时间待在家里，总要更关注疫情的方方面面，总要对一些人和事表达各自的观点。特别是做父母的，还常常有乐做人师的"爱好"，总忘不了顺带教育子女几句。这个出发点当然无可厚非，可是方式方法难免遭受孩子白眼以对，甚至反唇相讥。更要命的是，现在生于信息化时代的孩子，早已不像父母当年那样孤陋寡闻，一件事情、一种观点，在父母那或许还当新鲜宝贝，在孩子那里却可能早已成为"明日黄花"，于是，冲突自然就不可避免。

三是情感与情趣方面。居家期间，大家除了关心武汉与本地的疫情，更多的家庭把时间都耗在了情感培育与兴趣培养上。抖音里的小视频虽然有些夸张搞笑，但多少反映了现实。比如，有人对着电视屏幕喝酒，有的夫妻刻意打架等。现实中更多的人家，要么与电视拼命，要么与游戏为伴。特别是学生们，上网课太累，看书做作业太苦，又不愿意看电视，于是日以继夜、夜以继日，以手机游戏为"主业"。于是，一个有趣的现象出现了：一个家庭，三个人，各自占领家庭中的一个空间，各自做着自己的事情。一个原本增进感情的机会，却反而造成了时空的阻隔与情感的疏离。特别是有些父母，自己看电视音量开得那么高，却偏要孩子不打游戏，你说，谁听啊？

四是习惯与生活方式方面的。平时虽说大家是一家人，可是说实在的，每天一大早，上班的上班、上学的上学，晚上，做作业的做作业、出门应酬的应酬，真正交流、理解的机会并不算多。这次长时间居家，虽说为增进家人之间的情感交流带来了机遇，也为"展示"彼此之间的习惯与生活方式的差异提供了可能。就说一日三餐吧，有人爱荤有人爱素，有人吃干有人喝稀，不要说众口难调，就是区区三口之家，也难尽如人意。更不要说生活习惯方面的不同与冲突了。我突然想，为什么抗疫期间，朋友圈那么多人都成了"烹饪大师"，可能是小祖宗在家"难伺候"啊。

五是学习与技能方面。这个就不用多说了，疫情再严重，总不如学生的学习重要。父母们各显身手，担当起"兼职教师"，可是，结果呢？正如我前面所说，只有居家抗疫了，父母们才知道老师们多么不容易。

凡此种种，造成了千家万户的鸡毛蒜皮、鸡飞狗跳，家长们牢骚满腹，孩子们更是满怀委屈，甚至气不打一处来。

说好的一家人其乐融融，都到哪里去了呢？疫情本身带来的内心的不踏实与焦虑情绪是一个重要原因。除此以外，最根本的原因，我想，还是借用一句歌词："白天不懂夜的黑"——家人之间缺少了深层次理解的耐心与真切沟通的主动。

其中，家长对孩子的理解，家长对孩子的主动，又应该是第一位的，应该是最为主动的——

一是要主动变"拉出"为"走进"。在引领、要求孩子做什么之前，先深入孩子的世界，以孩子的眼光看问题，理解他们想做什么，正在做什么，继而再去寻找二者之间的共同处、链接点。不分青红皂白地"拉出"，最终只会变成生拉硬拽，其效果当然得不偿失。

二是要主动变"要求"为"商量"。从内心情感深处到日常的言谈举止，都乐于将孩子作为一个平等的主体，有时甚至要将其当作在某些方面超过自己的"老师"，善于沟通交流，善于咨询请教，努力将疫情期间的种种"话题"变成父母教育中潜移默化的"问题"，在民主、平等的商量、交流中，实现教育功能。当然，这样的商量、民主是保持父母身份的"妥协"，绝不是刻意的迎合与"投降"，更不是不顾所有的"卑躬屈膝"。

三是要主动变"单一"为"丰富"。不要总是把目光盯在孩子的学习上，更不要把时间都耗费在自己的兴趣爱好上，要善于寻找孩子感兴趣的话题，将孩子从自己的世界里"骗"出来，吸引出来。比如，可以利用家人共居，让孩子多了解一些自己的家史家风，让家庭的血脉，自然融入下一代的血液；也可以通过和孩子聊各自的老家，及时开展一些乡土民俗的讨论，让古老的文化在新一代的内心里生根发芽。当然，还可以"创新"一些家人共同参与的小活动、小项目，比如各做一个拿手菜、承包一天的家庭卫生保洁等，让彼此关闭的房门打开，让各自半开的心门更加敞开。

变"拉出"为"走进"，变"要求"为"商量"，变"单一"为"丰富"，何尝只是居家抗疫期间需要这样做，平时不是更需要这样做？何尝只是父母教育子女时这样做，学校与教师不是更需要这样做？

所以，哪里来的成功父母，所有成功的父母都是从简单的日常做起的。

哪里来的完美的教育，所有完美的教育都是从琐碎的日常教育做起的。

写完这篇文章的时候，江苏省政府的开学通知已经正式发布两天了，冷清的学校一定会更加鲜活起来，终于可以把万千"神兽"交到更专业的教师手里了。而对广大父母、子女来说，虽说依然是"第一次"做父母，"第一次"做子女，但是，疫情之后，我们是否会做得更好一些、更聪明一些?

曾经，面对大千世界，恺撒说：我来过，我见过，我征服过。

对于后疫情时代的亲子关系，对于后疫情时代的教育，"征服"，也许很难，但是，"来过""见过"之后，改变，一定会发生。

将来有一天，我们的孩子终将成为搏击风雨的大雁，但是，他们一定会时不时回忆起这一段居家"孵蛋"的日子。

2020 年 3 月 23 日

# 电影 20：《垫底辣妹》

## 发现好老师的应有品质与进阶之路

人生是一场长跑，今天的垫底是否等于明天的失败？

说到今天这部拍摄于 2015 年的日本电影《垫底辣妹》，请原谅我不惜再次暴露自己知识内存的不足。因为我得又一次引用莎士比亚的名句——一千个读者就有一千个哈姆雷特。看了这部电影，那些励志者想到的是学渣崛起；那些关注家庭教育的人，则想到父母对孩子成长的影响，以及在孩子成长过程中作为父母难与人言的无奈与痛苦；而那些专门研究教育政策的人，则会看到社会办学机构对正规学校教育发起的越来越有力的挑战。

我是一名教师，则更关注怎样才算得上是一名好教师，或者换句话：我怎样才可以成为一名好教师？

说实话，刚开始看《垫底辣妹》，你或许会把它看作一部夸大事实的荒诞剧、口号剧。因为你会相信一个从小学一直到高二都排名靠后，英语和日本史学科成绩几乎为 0，个人学习偏差值低到 30，而且整天与一帮好吃懒做、贪玩臭美的同学混在一起，几次要被学校退学的垫底女生，会通过一年时间的努力，偏差值提高到 70，进入全日本高校排名前 5 位的庆应大学吗？即使是第二志愿的综合政策学部。我肯定，你当然会摇头说"不"。因为这简直近乎天方夜谭！

但是我，还是抱着相信的态度继续看了下去。首先，这是根据真人真事改编的，甚至，负责编剧的，就是那位帮助垫底辣妹考上庆应大学的神奇辅导班的教师。其次，拍电影的时候，主角的原型还多次来到片场，帮助演员把握方言发音。更重要的原因，我也可以跟您透个底：其实，在高二之前，我的英语成绩很差。只是在高二那个暑假，在我的英语教师无意识的激发下，我貌似打开了自己的小宇宙。所以，直到今天，我依然清楚记得高二那个暑假，我第一次考之前的高考卷考到73.5分的情景。30年来，我也一直相信并一直告诉我的学生："一切皆有可能。"

故事其实很简单。工藤家是一个普通的日本小业主家庭。父亲一心想培养儿子龙太完成自己当年没有实现的棒球明星梦，而忽略了其他两个孩子；母亲则是一个从小在严厉家庭长大、柔弱却非常有韧性的女人，她含辛茹苦，自己出去打工，负责两个女儿的学习成长。像无数个家庭一样，在三个孩子的成长过程中，每一个家庭成员都饱尝了其中的酸甜苦辣咸。

影片第一主角是大女儿沙耶加。这个女孩子从小就病痛缠身，上了小学又遭遇隐性校园欺凌，倍感孤独且学习垫底。但是非常爱自己女儿的母亲，花重金将其转学到了可以直升高中的明兰学校（私立）。可是在这里，沙耶加的心情与成绩也没有好转起来，整天和一帮同学打闹游玩，成为学渣。在高二下学期，她被老师从书包里搜出了严禁触碰的香烟。按校规，要么沙耶加供出"同伙"，要么退学回家。

沙耶加拒绝出卖同学，在可怜的妈妈的一再哀求下，学校将退学的处分改为有条件休学。

为了顺利从高中毕业，在妈妈的安排下，没有办法的沙耶加一身"太妹"打扮，走进了坪田老师的补习学校——青峰塾。

接下来的剧情就进入到了主体部分，故事变得更加流畅——

先是坪田老师激发了沙耶加的学习兴趣，让她树立了报考庆应大学的"宏伟目标"；接着在老师的指导下，从小学数学补起，一点一点向困难的英语、日本史和小论文写作发起冲锋。其间，经历过原学校老师的不信任甚至讽刺挖苦，也经历过龙太因压力太大放弃棒球梦想而导致的父子冲突与家庭痛苦，还经历了原来学校的辣妹同学的真诚鼓励，沙耶加就像装上了强劲的发动机，真可谓一天一个样。参加第三次高考模拟，每门功课还是E，而第四次模拟就提高到 C。接着，顺利通过了庆应大学的预考，在正式考试时，又克服了身体的不适，终于考上了理想的学校……

看完这部电影，我们会不会感叹"可怜天下父母心"，对工藤两口子的不容易感同身受，会不会赞赏沙耶加"时间自有公道，付出终有回报"的不懈努力？但是，最为羡慕的，是不是还是那位体制之外、身份普通、长相土气却充满激情、智慧，有时候还有一点小小狡黠的坪田老师？

那么，从坪田老师身上，可以看出一名"创造奇迹"的教师一般具有什么样的品质呢？影片中一些细节、一些人物"语录"可以给我们真切的体会。

一是千方百计地理解学生、走近学生并服务学生。沙耶加是个垫底辣妹，过着貌似藐视一切、得过且过、逍遥混世的日子，可是在坪田老师看来，那都是"被开心和欢欣雀跃装饰的每一天"。不抛弃、不放弃只是一种责任，而想方设法为学生"做点什么"才是真正的爱。坪田一直相信，"没有不行的学生，只有不行的教师"。当然，对于这句话，现在教育界有很大的争论。在我看来，大家争论需要有一个共同认可的前提——现有条件下的教师主体的努力。我们不能改变一切，起码我们可以改变自己。也正是因为如此，在明兰学校的西村老师找到坪田，希望他放弃对沙耶加不切实际的"忽悠"时，坪田这样回答："学生在学校里可能会遇到这样那样的不如意，我只想帮助他们。""老师也好，父母也好，也是有些事情可以做的吧。我一直坚信。"

二是感同身受地理解学生父母、动员学生父母，并努力实现家校协同。影片中沙耶加的父亲虽然粗暴、偏爱，本质上却还是富有家庭责任感并且乐于助人的。在父亲雪天送沙耶加去庆应预考的路上，父亲下车帮助陌生人雪地开车的细节，让父女之间的情感距离一下子缩短了许多。而沙耶加的母亲，平时虽然柔弱、默不作声，常常为了不成器的孩子求情而忍辱负重，但是她却是一个极有见地的母亲。在与沙耶加聊天的时候，她告诉女儿，"世界一个晚上就会改变"；在许多人对沙耶加表示失望和无可救药的时候，她更说了一句堪称石破天惊的话："哪怕全世界都成为孩子的敌人，我会成为她的伙伴。"写到这里时，我的思维不禁有点走神和穿越。从日本回到中国，从电影回到现实，我们可能越来越不习惯许多家长对学校、对教师的不满与指责，这些固然要改变。可是，人心都是肉长的，教师对孩子付出了真心、诚心，再不讲道理的家长也会变得稍微讲那么一点道理。

三是力所能及地改变自己、提高自己，找到教师的自我进阶之路。理解学生、走近学生，赢得学生的认同和信任，只是服务学生的前提；理解家长、家校协同，赢得家庭的支持与配合，只是学生成长的条件，这其中最为重要的还是教师自己的改变，教师自己的提升。影片中，坪田老师的表现，至少启迪了我对优秀教师自我进阶的深刻认知——

第一，1.0 的好教师要善于提升学生的偏差值。教师的主体任务在教学，学生的主体使命是学习。分数不是万能的，没有分数至少在当今的东亚社会，无论是日本还是中国，恐怕即使说不上万万不能，依然还是绝大多数家庭和人士所承认"不能"的。所以，所谓的好教师，起码的一条，要让学生跟着你能有看得见的进步，能考上一个好学校。当然，这里的好学校未必都是庆应，都是北大、清华，而是学生经过努力尽可能达到的更好目标。也许影片中坪田老师的行为有些夸张，但是起码给了我们不少借鉴。

比如，遇到一个根本不想学习的学生怎么办？坪田用了两个办法：其一，"理解学生错误的背后"。坪田与沙耶加第一次见面的时候，辣妹的面试小测验赫然得了 0 分，甚至把"圣德太子"当成了"圣德胖子"。但是坪田却说，你虽然得的是 0 分，但起码每个题目都做完了，而且也就自己的答案给出了自己的理由。这一下子激发了沙耶加的兴趣，更重要的是让一直垫底的人发现了自己也有可以改变的信心。学生学习，没有不犯错误、不遭遇失败的，尤其是那些所谓的"差生"，做老师的，不仅要指出他们的错误，更要理解他们为何犯错，甚至在错误中发现可能性，"理解学生错误的背后"，不仅是提高学生成绩的法宝，更是联通师生情感的利器。其二，"用学生的语言与学生对话"。坪田老师的学生中，除了沙耶加，还有一个更难伺候的主，出身于三代律师家庭的玲司，他逆反心理特别严重，拒绝走父母指引的考法律专业的道路，以沉湎游戏来表示自己的对抗。可是坪田面对与老师讲话都放不下手机的玲司，却三言两语，用"大魔王"游戏的语言，打开了学生的心扉，赢得了最初的信任。由此看来，做教师的，只有先用学生的语言进入他的话语体系，进而才有可能想办法再把他们"带出来"。

再比如，如何激发不同学生学习的持续性？坪田老师坚持一个总的原则："学校是由性格、习惯完全不一样的学生聚在一起学习，我要实施针对性的教育。"他的具体做法有三点：其一，在赢得学生信任、激发学生最初兴趣的基础上，和学生一起明确学习目标。甚至，为了强化学生的目标，坪田可以和学生打赌，下一次考好了就带自己大学时候的照片，乃至"爆料"自己当年的大学女友。就这样，沙耶加明确想考庆应，而玲司经过反复思考，还是决定报考名古屋。其二，在坚持激励为主时，不忘找准时机，以学生接受的方式指出他或她的不足与差距。这样既保护了学生的自尊心，又促进了持续的、有的放矢的自主学习。坪田对学生的爱，不是一味的迁就，而是一种智慧的发现与引领。比如当发现沙耶加对日本史一无所知时，坪田也采取了适当的揶揄策略，激发了沙耶加的斗志，也培养了她的耐心。他鼓励自己的学生："知道的知识越多，思维就越开阔。"其三，在学生遇到挫折，甚至想放弃时，坚决站在学生一边，给学生更多坚持的力量。因为考试不理想，也因为家庭的缘故，沙耶加一度想放弃，可是坪田不甘心，他给她写了一封信，鼓励她战胜自己，也就战胜了一切。

第二，2.0的好教师要能带给学生方方面面的改变。一名好教师其实就是一所学校。他能给学生带来的绝不只是考试分数的提高、解题能力的增强，也绝不只是理想学校的录取通知书，而是从思想到生活、从情感到自我认知的潜移默化的改变。影片中有一个高高的坝子，坐在那上面，可以看到脚下的草地和更远的远方。先后有三个镜头表现了沙耶加到过那里：第一次，是小学的时候，一个人坐在那里，代表着孤独、迷茫；第二次，是在坪田老师帮助下有了进步之后，和同学玲司坐在那里，代表着自信和对未来的憧憬，以及沙耶加与同学、父母各方面关系的改变；第三次，又是沙耶加一个人坐在那里，读老师写给她的信，这个时候，她完全实现了自己的成长。而这一切，都是老师在有意无意中给她带来的。说到这里，我忽然想到一个问题，坪田老师开始的目的是什么？是为了帮助沙耶加提高分数、考大学，可是却改变了一个学生的所有。看起来，所谓的应试教育与素质教育的区别，我们还要有更深刻、更辩证的思考，哪怕是为了应试，其中有没有人格的熏陶，有没有情感的渗透与升华？答案是显而易见的。所以，一名教师既要做到"为了孩子的应试"，更要做到"不止于孩子的应试"。

为了证明坪田给沙耶加带来了全方位的改变和成长，影片中还有一个有趣的却很容易被观众忽视的镜头对比，就是连续几次去见坪田老师时，沙耶加衣着打扮的变化：第一次，穿着露脐装，一派"太妹"打扮；第二次，沙耶加穿的是短袖套裙，有点收敛；第三次，换上了长裙，像个学生模样；后来，沙耶加更是勇敢地剪掉了长发，穿上了运动服。在骑车时，沙耶加也会牢记老师的要求，嘴里念念有词地比较不同英语单词的细微区别；甚至在父亲与弟弟发生冲突时，沙耶加仿佛变成了另一个坪田，用自己体会到的道理来说服父亲和弟弟……一个不仅提高了学生的分数，更让学生发自内心地发生了从衣着到思想、行为改变的老师，你说，他怎么不是一个好老师呢？写到这里，我忽然想到我十几二十年前的学生们，当他们跟我说起当年，说得最多的，还是分数以外的事情。我想，我应该引坪田老师为同路人。事实上，在年复一年行走学校的经历中，我几乎每天都会遇到这样的好教师，给我更多感动，给我更多激励，也给我更多幸福体验。我称他们是——行走合伙人。

第三，3.0的好老师要在潜移默化中让学生致力成为另一个自己。影片尾声，当沙耶加就要到大学学习的时候，给坪田老师写了一封信，除了感谢老师的教育，她说了一句至关重要的话——她要成为"像老师一样的人"。一个人的一生会有太多的选择，更会遇到太多不一样的人。一名普普通通的教师，一份虽饿不死却也不富裕的工作，却能让具有无限可能的学生立志成为"像老师一样的人"，其中根本的原因是什么？是你教给他们的知识吗？不是，那是前人智慧的积淀。是你授予他们的能力吗？也不是，那是学生和你共同努力的结果。那么，归根到底是什么？我想，是你对学生发自心底并且通过特殊传感器传递到学生心底的无私的爱，是你对学生成长的一如既往、一发而不可收的信任，是你和学生共同进退、共经风雨所缔结的彼此认同的生命"义气"。让学生成为另一个自己，应该是优秀教师的最大"野心"，也是一名普通教师职业生命和自然生命最闪亮的光，更是每一个教育行走合伙人问心无愧、淡然处世、知行合一的终极幸福体验。正如坪田老师对沙耶加说的那样，"你奋斗的样子，改变了许多人的人生"，其实，坪田老师奋斗的样子，不是更改变了更多人的人生？师生之间相互的生命成全，构成了一种叫职业价值和人生意义的东西。它貌似看不见、摸不着，可是一直在。感谢命运，让我做了一名教师；感谢我的学生，让我时常收获点点滴滴的职业幸福。

还要啰唆一下。这部电影中的坪田老师，其实是一名体制外的教师，甚至都不是一名正规学校的教师，而只是一名"补习班"的教师。在当前，这还属于规范办学的检查、督查对象。电影有一个很明显的缺陷，就是忽略了正规学校教师们的努力。事实上，在我们普通的学校里，就有着一大批默默奉献的优秀教师。电影中以西村老师为代表的正规学校的教师，成了冷血、刻板的代表，印象中，除了在沙耶加母亲的一再恳求下收回开除沙耶加的决定外，基本没做什么好事。对了，他还一再讽刺、挖苦自己的学生，常常公开称呼自己班上的学生"渣"，这一点，我不知道日本的学校是否真的如此。但起码，在我们当下的学校教师中，一定不是主流。

以这样的手法描写体制内和正规学校的教师，以衬托补习班教师坪田的形象，未免与事实不尽相符，更有失公平，但这起码给在体制内、在正规学校的教师提了一个醒：我们可要努力、更努力地改变自己！

你说呢？

2020 年 2 月 23 日

下编

# 细节课：靠近生命，靠近幸福

## 电影 21：《不拘小节的人》

# 60 年前的"坐霸"与 21 世纪的"个性"

"不拘小节"，是一个流传甚久的成语；"坐霸"，是一个网络时代的新词。穿越时空的烟雨，我们赫然发现，原来"坐霸"本身的出现要远早于这个词汇的产生。只是，对"不拘小节"现象的研讨，实际上已经超越了一个人公共习惯培养的范畴。

感谢万能的网络，让我看到了我从未看过甚至从未听说过的、拍摄于1956 年的一部黑白老电影《不拘小节的人》。

电影以一座美丽的湖畔城市以及这座城市里的几个人物为背景：湖畔城市的文联主任赵主任，带着办公室的小黄，正在火车站着急地等着一个特邀前来作文学讲座的著名讽刺作家李少白的到来。无独有偶，一个叫敏英的文学女青年，也正热切地盼望着与她心目中的男神——这位著名的李作家的第一次见面。他们已经通了十多封信，虽然从未见过面，却对彼此留下了很深的好感。这一次，李作家正好借讲座的机会，在报告结束之后，登门拜访，既是第一次见面，也是宣布正式确定恋爱关系。

李作家的城市之行一开始并不算顺利。火车上，他一个人横躺在座位上，双脚挂在座椅的扶手上，好几次影响了列车售货员和旅客的行走，引起了周围旅客的侧目。当新的旅客上车请他让座时，他仍作假寐状，迟迟不肯起来。后来还是在旅客和列车员的再三要求下，才不情愿地让了座。颇有喜剧意味的是，新上来的旅客是一个体型庞大的胖子，将我们这位苗条的作家挤在了一边，暗示着这个中国第一代的"坐霸"自作自受、自认倒霉的尴尬。

好在这样的尴尬没有持续多久。一下车，热情的赵主任和小黄就用吉普车将李作家拉到了西湖边上（那个时候的西湖，应该还是允许汽车穿行的）。赵主任和小黄的计划是：在湖边陪作家吃醋鱼，然后游览湖光山色；下午3点钟左右再带作家前往市图书馆，满足他去查一个资料以备晚上讲课之需的要求；4点钟再去剧院看京剧《空城计》，接着晚饭后7点钟作报告，报告结束之后再去观赏文联创作的话剧。

意气风发、倍感荣耀的李作家，坦然而又欣欣然地同意了赵主任的安排，只是谢绝了晚上看话剧的邀请，因为他要在报告结束之后，赶到敏英家里见面。

真是无巧不成书，两个从未见过面的人——李少白与敏英，一个要跟着赵主任游园、去图书馆以及看戏，一个要替姐姐到湖边上的图书馆去借书，同时也要去戏院看戏（因为李作家只有晚上才有空见面，所以本来想请作家看戏的敏英，只能请图书馆的周老师一起去剧院），两人就有了四次见面机会，尽管他们彼此并不认识。

第一次，在美丽的苏堤上，李少白随地扔水果皮，弄脏了在后面骑着自行车赶路的敏英的新衣服；

第二次，在敏英去图书馆的路上，恰巧碰到李少白随意摘花被公园老大爷追赶、批评，结果以赵主任认罚3元钱了事；

第三次，在图书馆，正好遇见李少白点烟看书，不小心烧坏了珍本的书角，被周老师罚款批评；

第四次，在戏院，又是冤家路窄，敏英正好又坐在作家的后排，目睹了李少白为了看得更清楚用书包垫屁股挡住后面观众的视线，而且在大家聚精会神看戏时，高谈阔论、高声哼唱，终于引起了敏英与其他观众的不满和抗议，导致演出中断，赵主任只能拉着满腹不平的李作家匆匆离场……

其实，李作家的不拘小节还远不止敏英看到的这些：在湖边饭店，他随手倒茶杯里的剩水，谁知泼了一对正准备划船的情侣一身，搞得赵主任忙不迭地代为道歉；在望湖亭，李作家又兴奋地用刀刻上"李少白到此一游"，害得赵主任被罚款 10 元；在图书馆随意高声、拍桌差点引发一位读者的心脏病，火烧书角，又害得赵主任要罚款 25 元……

由于罚款的钱无法入账报销，所以这半天时间赵主任真的成了"赔了夫人又折兵"的"冤大头"。

好不容易，讲座终于结束了。在收音机旁收听现场转播的敏英，对我们的作家充满了由衷的敬意和爱意。

在柔情蜜意的等待中，门铃终于响了起来。令敏英万万没有想到的是，此刻，竟然是自己与眼前的这个一直崇拜、暗恋的人的第五次见面！又羞又气的敏英毫不客气地下了逐客令，而尴尬不已、狼狈不堪的李少白，只能面对观众，无奈地说出了两个字——"完了"，电影由此戛然而止。

一部 60 多年前的电影，一部只有 50 多分钟的电影，一部情节相当简单、主题也并不深奥的电影，就这样结束了。也许是当时的录音条件和电影道具确实比较简陋，所以整部电影确实让人有一种"穿越"之感，可是，这依然不能阻挡我对这部影片的喜爱。

所有真正有价值的东西，一定会穿过岁月的烟雨，让很多年以后的人们，依然感受到它持久发酵的力量。

更何况，用 60 多年前的老电影，来观察当下的生活、社会，不难发现，无理占座、乱扔垃圾、攀折花木、乱刻乱画，以及旁若无人地高谈阔论的种种现象，不仅依然没有绝迹，甚至还有"提档升级"的趋势，乃至在每一个城市的文明创建中，已经成为重要的"扣分项"……

为什么一个小小的"坐霸"与"乱扔垃圾"，历经 60 余年而难以根除？为什么腹有诗书、富有个性的李少白，在 60 多年后依然屡见不鲜？这不完全与学校有关，却绝不能说与教育无关。

1. 我们要反思习惯养成教育。影片中揭示的与现实中存在的这些现象，对于一个人，确实是"小节"；对于一个城市，却一定是放大了的文明程度的"测量仪"。对此，除了规章、法纪的刚性管理，更重要的是从每个人的内因抓起，从学校做起，不断强化习惯养成教育。对此，我想起码有三点值得我们重视：一是这些习惯教育，绝非毕其功于一役的"一招鲜"，必须从每一天、每一节课、每一场活动、每一个细节抓起，确保习惯教育反复抓、抓反复；二是作为教师、家长及其他"大人"们自觉的表率作用，确保开展习惯教育的人自己有一个好习惯；更为重要的，正因为习惯教育需要反复抓、抓反复，所以如何让这些"小节"的要求，内化成每个人的习惯才是最终的目标。当前人们对某些文明城市创建的最大的诟病，莫过于大家都是在评审组、暗访组到来时，"表演"出文明言行，而绝非由内而外的"真实"。而真正让教育内化的有效路径，恐怕只有一个，就是要千方百计，采取学生们喜闻乐见的多种形式，努力变外在的灌输为学生潜移默化的理解与接受。《不拘小节的人》虽说是一部电影，但也基本上可以算作一次形象生动的宣传教育活动。我想，对于广大中小学生而言，组织他们观看这部有趣味、有内涵，时间刚好只有一节课长度的电影，其效果一定好于班主任一而再、再而三地开班会、敲黑板。

2. 我们要反思"小节"与"个性"的关系。中国传统文化向来主张"成大事"而"不拘小节"。甚至近年来在一些文学作品、影视形象中，还将大大咧咧、不拘小节作为人性的真实和英雄的渲染而大加宣传。最典型的，古代莫过于对李逵等草莽形象的谬赞，当代莫过于对李云龙等英雄形象的推崇。这两个人说起来根本归不到一起，但就个人形象而言，还真有点相似：嫉恶如仇、敢打敢拼，但都喜欢大声骂娘、大碗喝酒。现实生活中，也是有不少"坏坏的""痞痞的"人混得风生水起、抱得美人归的鲜活案例。尤其在当下流行甚广的抖音中，更有许多凭借"不拘小节"而一夜成名的流量网红。在一些人的潜意识中，形成了一种很有意思的"逻辑推理"：成大事必舍小节，不拘小节而显个性，于不知不觉中完成了几个重要概念的"词语转义"——"成大事＝不拘小节＝有个性＝做真人"。不细究，还真觉得确实很有些道理。再推敲，就发现完全不是那么回事。

具体说来，我们要努力让我们的学生，明确以下三对关系：其一，"大事"与"小节"的关系。人，要不要做大事？答案是肯定的，做大事能不能求全责备，答案也是肯定的。但是，我们也要反过来追问，不拘小节、不讲究细节，真的能成就大事吗？古代先哲有"天下大事，必作于细"的教诲，现代市场经济有"细节决定成败"的规则。所以，应该让我们的孩子明白，不拘小节只是那些成大事的人的经验之谈，而重视细节才是所有成大事者的充分条件。其二，此"小节"与彼"小节"的关系。我们平常讲成大事不拘小节，从哲学上看，主要是指复杂矛盾中的次要矛盾，一个矛盾统一体中的次要方面。但是，处于次要矛盾、次要方面的"小节"，不会永远处于微不足道的地位，在一定条件下，矛盾转化的规律，会让被我们忽视的"小节"成为真正决定成败的"大事"。而生活中我们强调的不乱扔垃圾、不高声喧哗、不表里不一的"小节"，其实根本不是可以忽略的"小节"，它们本来就是我们日常生活的"大事"。如果此"小节"与彼"小节"混淆不清，我们不仅培养不出新一代的李云龙，反而会增添更多 21 世纪的李少白。其三，"集体"与"个性"的关系。中国传统文化总体上强调的是集体为大，不太提倡个性的张扬。甚至，在距离我们并不太遥远的上世纪八九十年代，"有个性"这个词，依然还作为对一个人缺点的委婉提醒与告诫。随着改革开放以来中外文化的深入交流，到今天，"个性"已经成为一个人立足于世的最基本的追求，社会也对有个性的人有了更多、更广泛的宽容。但是，在一个人的基本生活层面，再怎么讲究"个性"，也不能过多与"集体"产生明显的对立与冲突。尤其在文明生活和个人修养层面，如果把不注重个人良好言行与习惯的修炼，甚至将其等于标新立异的"个性"，显然必将遭到"集体"的一致反对，乃至孤立。甚至，有可能会变成 21 世纪的"李少白"，连曾经对自己崇拜不已的"敏英"都毅然转身。毕竟，"李少白"再有能力，也架不住他的"不拘小节"。

3. 我们要反思"传承"与"创新"的关系。《不拘小节的人》这部电影，已经上映了 60 多年。电影中有关随意占座、乱扔垃圾、乱刻乱画、高谈阔论的种种"小节"，在当今依然要高度重视，这样的文明传统依然要继续传承。但是，今天我们的生活、我们的学生毕竟已经距影片故事发生的时代半个多世纪了，除了电影中揭示的那些文明"小节"，我们还遇到了更多前人从未遇见，甚至未曾想过的新问题。比如，网络空间的文明素养问题，国际交往中的文明细节问题等。特别是新一代的中国人，更强调个性，更具有跨文化视野，因而我们的文明素养教育，在传承的基础上，又必须着力做好"创新"的工作，比如，很多旅行社推出了"游客公约"，不少网络平台强化了"在线规则"建设，都是在这方面的有益尝试。

人世有代谢，往来成古今。一部 60 多年前的黑白电影依然能够引发我们的思考。60 多年前的"坐霸"，在今天依然是我们文明建设和素养教育中不能回避的问题；21 世纪的"个性"，更对我们当下的文明建设和素养教育提出了新的挑战。一部电影的力量其实很有限。真正有力量的是我们自己的思想，是我们每一个人的行动。就让我们从反思我们的习惯养成教育做起，从反思我们的"小节"与"个性"做起，从反思我们的"传承"与"创新"做起。

也许，有一天，我们还会拍出 21 世纪更加令人喜爱的《不拘小节的人》的续篇；也许，再过 60 年，后人会从这两部《不拘小节的人》的电影中，看到我们今天的生活和付出的努力……

2020 年 2 月 8 日

# 电影 22：《白日梦想家》

## 走神与专注，是谁操控着那块"小石头"？

学生在课堂上学习，就仿佛踏上了一块摇摆的小滑板，如何来操控"走神"与"专注"之间的纠缠与争夺呢？

很多年前，也许直到现在，我们都喜欢罗大佑的《童年》："池塘边的榕树上，知了在声声叫着夏天"，虽然"黑板上老师的粉笔，还在拼命叽叽喳喳写个不停"，但我们却总是在想"太阳总下到山的那一边，山里面有没有住着神仙"；或者干脆就是"多少的日子里总是一个人面对着天空发呆"……记得当时，因为歌词中的某些"学生不宜"，据说这首歌被刚引入校园时，还特意删除了第二段。所以那个时候，同学们常常神秘地聚在一起，听个别神通广大的同学骄傲地给我们看他抄来的"诸葛四郎和魔鬼党，到底谁抢到那支宝剑；隔壁班的那个女孩，怎么还没经过我的窗前"，然后大家带着窥知秘密之后的满足，再次走进课堂。就这样，"一天又一天，一年又一年"，哪怕到睡觉以前，"才想起功课才做了一点点"；哪怕到考试以后，"才知道该念的书都没有念"……

过去那么多年了，这样的情景近在眼前。可是，我忽然想到，歌词其实不只是描写了童年的美好生活片段，更是揭示了大家上课时曾经令老师反感、令家长头痛甚至也令自己烦恼不已的一种现象——"走神"，或者叫"开小差"。当然，后来学到的英语单词多了，我们对此又有了个带着"洋味"的命名："day dream"。

一直以来，我们都本能地喜欢"全神贯注"的学生，理所当然地认为喜欢"走神"的学生，虽不至于大奸大恶，但也属于"大错不犯，小错不断"。甚至直到上个学期结束以前，我还与一些校长、老师讨论，新的学期，要重点干预"如何让学生在课堂上不走神"。

这些想法，近来忽然被一部拍摄于 2013 年的美国电影进行了迭代重整，甚至某些理念还被"格式化"了。

这是一部关于"白日梦"的电影，名叫《白日梦想家》：华特，是一名已经在一本叫《生活》杂志工作了近 20 年的老员工，平时承担的是杂志照片的底片资料保管这样微不足道的工作，岗位普通，不再年轻，更不受重视，而且性格内向，不善言辞，连个女朋友都没有。即使看上了新来的女同事谢尔，也不敢开口表白。但他却有一个"特异功能"，就是经常会突然"走神入定"，做"白日梦"。即使在面对心仪的女神和新来的主管时，也常常"开小差"。

忽然有一天，杂志即将被网络公司并购，员工们在做完最后一期杂志之后，就要面临被裁员的命运。而与杂志社合作了 16 年之久的著名摄影家肖恩，指定要用他交给华特的"第 25 张底片"作封面，因为那里面有"生活的精髓"。与此同时，肖恩还赠送给华特一只特制的钱夹，以感谢这个 16 年来认真负责却从未见过面的朋友。

谁知华特怎么也找不到肖恩给他的底片。一边是公司主管的威胁，一边是女神谢尔的鼓励，从未出过远门的华特踏上了寻找肖恩的旅程。在格陵兰跳海、遭遇鲨鱼，在冰岛遇到火山喷发……却总是比肖恩慢了一步。灰心的华特回到公司，结果当然遭遇到辞退。失落不已的他在家里扔掉了钱夹，可是在母亲的鼓励下，他再次启程，去阿富汗寻找肖恩。即使不为底片，也为自己要一个"说法"。

历经艰苦，华特终于在喜马拉雅山麓遇到了正在拍摄野豹的肖恩。谁知肖恩告诉他，底片就在那只空钱夹的夹层里面。一时无语的华特回到了家，却意外拿到了一向细心并且一直关爱着他的母亲从垃圾桶里捡起来的钱夹。华特一口气冲到公司，将未拆封的底片扔给了主管，生平第一次，以一个被解雇的老员工的名义，表现了自己的勇气与个性。

几天过去了，再次前往公司领取辞退金的华特，遇到了同样被解雇的谢尔。这一次，他没有做白日梦，更没有胆怯，而是真实地表达了自己的情感，并且勇敢地牵起了谢尔的手。

他们走过了一个报刊亭，看到新出的最后一期《生活》杂志，两个人都愣住了。原来，封面上赫然印着的是对着阳光心无旁骛研究底片的华特……

我一下午都在琢磨这部电影，有三句话极其"麻利"地从我的脑海中，一个字一个字，非常有力地"蹦"出来：

**千万不要小瞧老实人。**华特早上上班的时候，还是一个连填征婚表格都找不到去过哪些地方的"窘"人，可是你知道吗，其实很小的时候，他就得过小城的滑板冠军，而且他和父亲的照片，还上了当地的报纸。更重要的是，两天后，因为寻找"第25号底片"，他竟然飞去了一个岛上只有七八个人的格陵兰，去坐醉鬼开的直升机，跳海，鲨口脱险，还遭遇到一场火山爆发……在填上这些经历之后，华特在网恋公司的网站上，两个小时内就收到了300个女性的"示好"。老实与卓越，永远不能以外貌、言谈，乃至职位高低来作评判。

**走遍全世界，其实美好就在自己身边。**为了寻找底片，华特几乎走遍了全世界。可是，底片其实就在家里，就在那只不起眼的钱夹里。要不是细心的母亲，华特终将与他一生中的高光时刻失之交臂。这里，其实就是一个很深刻的隐喻：最美好的东西永远都在身边，而给你美好的人，其实就是你的亲人。

**最美好的东西，不是拿来炫耀的，甚至都不是拿来纪念的，而是用来享受的。**这句话不是我说的，是影片中肖恩的意思。当华特在喜马拉雅山找到肖恩时，肖恩正趴在山上静静守候一只野豹的出现。当华特透过镜头看到了其中的美，并问肖恩什么时候按下快门时，肖恩说出了上面这句话。

必须承认，此刻，我确实已经改变了对"走神"和"专注"的非此即彼的认知方式。特别是对于学生的"走神"，在教师没有分析透彻之前，就不要展开武断的或者笼统的干预。我甚至认为，有些学生的"走神"，不干预，其实也挺好。请允许我再谈三点感受：

1. 每一个平常的面孔下，都隐藏着一个超越平凡的梦。那些一堂课专注到底的孩子固然要肯定，但是，对于那些爱"走神"的孩子，恐怕也不能抱有刻板印象，先入为主地将其打入"不思进取""小错不断"的冷宫。学生"白日梦"中所想的，不只有"隔壁班的女孩"，很有可能还有"太阳总下到山的那一边"的追问，还有"火星撞地球"时挺身而出的勇敢，还有为自己家庭、亲人尽心尽力付出的担当，当然，还会有因为教师讲课而引发的体验、对比、迁移与遐想。有的人的"白日梦"，做了就不会醒，这就是所谓的"痴人说梦"，这一点当然需要及时帮助学生纠偏；而有的人的"白日梦"，就像电影中的华特一样，"进去了"还会"出来"。在这些平凡的甚至面无表情"出神入定"的面孔下，隐藏着对美好生活的期许和为之奋斗的决断。

为什么我们不能相信孩子，为什么我们不能多几分钟的等待，而要迫不及待地给学生戴上"心不在焉"开小差的帽子？几乎每个人的青春期都做过追求班花、班草的白日梦，也没见有更多的人由此走上了歧路。倒是也许正因为有了这样的"白日梦"，才进一步激发了每个人的志向，并在心底自觉校正了罗盘，有了一个既平凡又超越平凡的人生。

2. 未必每一个"走神"的孩子，都是因为不爱学习。要干预并解决学生的"走神"，首先必须了解他为什么爱做"白日梦"。在给学生"走神"盖上"不爱学习"的印章之前，教师先要干预一下自己的思维和情绪。

第一，青少年发育的身心规律，决定了学生持续专注的时间有限。对于一个刚从幼儿园进入小学的一年级学生来说，爱"走神"基本就是一种常态。一堂课始终精神饱满、聚精会神的孩子，要么就是"神一样的存在"，要么就是教师或家长施予了一种"高压"，反而显得有那么一点不合群。因为小学一年级学生的持续专注能力在中小学生中是最低的。

第二，中小学生之所以"走神"，其实是受到多种因素的综合影响。比如，教师的课没有吸引力，教师在师生关系处理上不公平，课堂偶发现象引发不同学生的不同反应与遐思，家庭、社会等因素给学生内心附着了"难以言说"的秘密，等等。由此看来，不爱学习，只是学生课堂开小差的一个极小的因素，以此来断定一个学生的学习态度乃至人生走向，既以偏概全，又可能导致"城门失火，殃及池鱼"。

换言之，很多学生之所以后来发展不够顺利，倒不是"走神"导致，而恰恰是教师过早、过多、过于片面的干预所致。这是真正的得不偿失，而且是真正的"好心没好报"。

第三，很多学生的"走神"，其实是一种别样的学习方式。这世界上人跟人不一样，学习的方法也不一样，所以，成功的道路真的不止一条。有的人喜欢安静读书，有的人却喜欢"闹"中取"静"；有的人的学习属于"不用扬鞭自奋蹄"，而有的人则可能是"浪子回头金不换"。我们不能否认确实有些学生"走神"是因为不爱学习、不会学习，有人甚至是不爱、不会学习的恶性循环，但是，也不能排除有些孩子天然具有热爱思考、善于迁移、联想的思维习惯，对于这些学生来说，与其说他们有时候像是在"走神入定"，不如说他们恰恰是进入了深度的自主学习。

3. 教师要善于给每个"走神"的孩子一份"私人订制"的学习单。每个班上都有爱做"白日梦"的孩子，每个学生都有会"走神"的时候。教师也是从爱"走神"的学生走到了今天，何必刻意甚至"一刀切"地"可怜人为难可怜人"呢！

既然不同的爱"走神"的学生，都有着不一样的原因与理由，那么我们又如何应对、干预这各不相同的"走神"现象呢？我想，第一，教师要"进得去"，就是要善于进到学生的"白日梦"里，去了解事情的来龙去脉，探讨其"开小差"的原因，只有这样，才能量体裁衣，对症下药；第二，教师要"出得来"，就是要善于引导学生走出自己的"白日梦"，与学生一起分析自己学习的优势与短板，解剖"白日梦"的利弊与取舍，只有这样，才能在赢得学生由衷信任的基础上，让学生走出自己的"白日梦"；第三，教师要"立得住"，只有教师在课堂、在学校、在生活中"立得住"，再爱"走神"的学生也会在您这位老师的课堂上遭遇"梦醒时分"。如此说来，要真正干预、解决学生"走神"问题，不仅要给学生一份私人订制的学习单，还要给教师一份私人订制的"修炼图"。

在《白日梦想家》中，有一个道具值得我们关注——片中反复出现的滑板。这滑板第一次出现在华特与谢尔的孩子查理初遇的时候，唤起了华特已经消失多年的滑板英雄梦；第二次出现在妈妈整理家里旧物，找到的当年报道华特获得滑板赛冠军的旧报纸上，激发了华特消失多年的人生激情；第三次出现在华特在冰岛赶往机场寻找肖恩时，他用自己最为珍藏的儿时玩具交换了冰岛小孩的滑板，一则准备送给查理，一则可以加快去机场追赶肖恩的速度。这些进一步表现了原来那个谨小慎微的"窘"人华特重新焕发了活力，变成了一个真正的自己。

镜头中，华特找到两块石头，又撕开两根布条，绑住自己的左右两只手掌，踏上了快速、刺激的滑板长旅。直行时，只见华特躬身入定；侧弯时，又只见华特将手掌压在了柏油路上控向减速。这两块石头虽不起眼，却是决定滑板"疾行"与"安稳"的关键之舵。

从电影里的镜头，回到学生的学习，回到我们今天讨论的话题：学生在课堂上学习，就好像踏上了一块驰行、摇摆的滑板。没有学生反对上课"专注"，也没有教师喜欢学生"走神"。那么，在充满了"走神"与"专注"纠葛与较劲的这块学习的"滑板"上，是谁、又怎么去操控那块起着决定作用的小石头呢？

请你告诉我。

2020 年 2 月 12 日

# 电影 23：《十二怒汉》

## 且慢，其实我们可以走出"怒海"

一部 60 多年前的老电影，作为一名教师，不妨超越其法律、人性的主题，顾其"名"而思"怒"，即去反思如何更好地去因应学生的"成长之怒"。

不知道所有人的成长是否都是一样的。很小的时候，如果一个孩子任性、生气、发火，人们会置之一笑，认为这是有个性的表现。可是一旦等到你渐渐长大，上了学、就了业、成了家，如果你还动辄发怒，人们就反而会认为这是你个人修养不够的表现。这时候，会有很多专家或者以专家自居的人，通过不同的方式告诉你"喜伤心，恐伤肾，怒伤肝"的道理，也许还有更多具有文明素养追求的人，沉默地走过你的身边，轻轻摇头，让你与他的友谊从此失之交臂。

发怒不是人的优秀品质，易怒的人不太好相处，应该是大家心照不宣的共识。罗马帝国时代的希腊作家、哲学家普鲁塔克说："动辄发怒是放纵和缺乏教养的表现。"美国人富兰克林则更进一步指出，"盛怒中的人驾驭的是一匹疯马"，一旦"愤怒"与"愚蠢"携手并进，"后悔"就会接踵而来。

写到这里，我的嘴角露出了不易察觉的微笑。这微笑是笑看自己当年的"愚蠢"，还是笑问大家：一个人的愤怒性格，很大程度上不正是源于家长从小的纵容？

不管怎么说，愤怒确实是人们生活中既不能忽视的问题，也无法回避的现象。不管是大人，还是小孩，不管是学生，还是教师，我们总是要面对自己发怒的问题，还要面对其他人发怒的问题。

作为教师，更会遇到形形色色甚至无缘无故发怒的学生，我们不妨称之为"成长之怒"。那么，如何看待会发怒的学生，如何带着我们的孩子走出成长的"怒海"，这真的是非常现实的问题，看上去是那么复杂，复杂到有点让我们无能为力。

或许，他山之石，真的可以攻玉。跳出学校的围墙，越过教育的视野，去看看别的行业、别的人怎么对待愤怒，会不会给我们一点不一样的启迪？

正好，有一部拍摄于 1957 年的美国黑白电影《十二怒汉》与此有点相关，尽管这部电影中的"怒"，并不完全等同于学生的"怒"。

故事挺有意思，电影的演绎却太过单调：一个出身于贫民窟、从小失去母亲的 18 岁问题少年，被指控在一个深夜在自己家里杀死了有犯罪前科的父亲。在法庭真实宣判之前，还需要听取由 12 个人组成的陪审团的意见。根据法律规定，无论是认为少年有罪还是无罪，陪审团都必须坚持 12 个人意见一致原则，也就是说，任何一致结论必须是"12∶0"的结果，法庭才会采纳。

电影开头我们看到，12 个来自各行各业、各个阶层，彼此并不熟悉的陪审团成员，在一个"夏天里最闷热"的下午，走进了一间只有三四十平方米的会议室。他们中有将陪审当玩票的玩世不恭的球迷，有低调寡言的足球教练，有不忘推销的广告商，有仗义执言的普通工人，有趾高气扬的富家子，有歧视平民的新贵族，有谨小慎微的钟表匠，有性情暴躁的中年父亲，有精明冷静的银行家，有较真、理性的建筑工程师……对了，你可以认为，这就是一群"乌合之众"。说实话，我开始对这群人能否尽到法律赋予他们的使命，持的就是一种怀疑的态度。

为了确保陪审团的讨论顺利进行，警察在外面锁上了门，12 个"乌合之众"在足球教练，也就是 1 号陪审员的主持下，开始了他们的履责历程。电影就在这间连电扇都打不开而显得更加逼仄、闷热的会议室里，展开了接下来的 100 多分钟。

刚开始，大家的表情非常轻松，因为有足够的证人证词，甚至连辩方律师也没表示反对，一切证据都显示男孩有罪。7 号陪审员，就是那个等着回去看场球赛的球迷，甚至觉得只需要 5 分钟走一个过场，就会完成这一次陪审团审议。

意想不到的情况发生了，第一次表决竟然出现了 11∶1 的"意外"，8 号陪审员不同意这么快就认定少年有罪，即使自己并不肯定这个少年是否有罪，也需要对证据做出严肃的、认真的质疑。他的观点和投票引起了大家的反对与气愤，可是在他的据理力争和理性追问下，经过五六轮的投票，赞成无罪的观点在其他 11 个陪审员之间不断扩散，对男孩是否有罪的表决也开始出现戏剧性的改变：从 11∶1，到 9∶3、8∶4、6∶6、3∶9，直到 1∶11。但是这还没有完，因为没有 12 票，这个案件就会成为悬案。最后，通过各种思维方式的碰撞，甚至不同价值观的冲突，所有的陪审员都负责任地投出了自己神圣的一票。终于，12 个陪审员以 12 票一致的结果表达了自己的意见：少年无罪。

时过境迁，一部 60 多年前的电影，当时生活的时代背景与人们的思维方式，都已经与我们相去甚远。电影的表现方式用单调、枯燥形容恐怕一点也不过分——12 个男人挤在一个锁了门的闷热房间里，没有跌宕的情节，没有煽情的演说，连电影配乐都少得可怜，只是看他们的额头慢慢渗出汗滴，他们的衣服慢慢变得潮湿；只是听他们不停地在提问、在争辩、在叫喊、在发怒……但是，真的很奇怪，就是这样一部单调、枯燥没有爆点的电影，却仿佛有一种神奇的力量，让我们在 12 个"怒汉"的"愤怒"中安静下来，任由我们的情绪随着他们的"争辩"而起伏，任由我们的思想随着他们的"愤怒"而波动，甚至不自觉地，我们会常常把自己"带入"那间房间里，仿佛我们也成了陪审团的一员。

请允许我"借题发挥"，不去谈这些高大上的"法律""人性""智慧"等词汇，就从电影的题目直接"发挥"——从这个意义上说，这部电影其实也可以看成是专门探讨愤怒的"样本"。

恰如电影名字所揭示的，讨论案件的过程，12 个男人几乎人人都变成了"怒"汉。整部电影先后表现出五种主要的"愤怒"：

1. 一开始大家对 8 号异议者的愤怒，认为他小题大做，甚至耽误了大家的时间；也包括后来固执己见、直到最后才放弃有罪观点的 3 号陪审员，他由现场的争论想到了自己恨铁不成钢的儿子，以及近乎无望的家庭生活而表现出来的带着痛哭的"自怒"。在我看来，这两种都可以概括为"特定对象之怒"，也就是所谓的"迁怒"。

2. 讨论过程中少数人对所谓出身低贱的"野孩子"的"阶级、阶层之怒"，这种愤怒当即引发了另一批人的愤怒回击。

3. 针对会议本身一再拖延，相持不下的"管理之怒"，伴随着一轮又一轮的投票，不少人都失去了耐心。

4. 观点不断交锋、价值观一再冲突的"思想情感之怒"，比如 8 号反复在追问"有杀人语言就一定有杀人动机吗，有杀人动机就一定有杀人行为吗"；而 9 号也不动声色地提出一个极易被人忽视的常识：默默无闻是一件伤感的事情。

5. 少数人脾气火爆，不仅言语刺激，甚至要挥拳相向的"血气"之怒，好在毕竟是在陪审团会议上，毕竟是理性占了上风。要是在街头马路边，我想一定又是另外一种景象。

当然，除了上述五种"愤怒"，其实还有第六种潜在的"愤怒"，就是从未露面的问题少年与其父亲的"家庭关系之怒"。正是这种潜在的愤怒，才导致了电影中的这林林总总的属于男人的愤怒。

把这种"父子之怒""家庭之怒"合理放大，把这些"特定对象之怒""阶级阶层之怒""管理之怒""思想情感之怒"与"血气之怒"适度延展，不就是我们每个人都有可能遭遇的"社会之怒""生活之怒"吗？如果你和我一样，也是个教师，那么，你肯定会遭遇不同学生的不同"愤怒"，即我前面所统称的"成长之怒"。

好在《十二怒汉》中的五六种愤怒，最终都变成了观点的认同，都实现了"化干戈为玉帛"。说到底，大家都是成人，都是文明人，谁也难保不会有"血气之怒"，但更多的还是"理性之怒""适度之怒"。甚至，早在 1000

多年前，朱熹老先生就对这种种愤怒发表了自己的高见："血气之怒不可有，义理之怒不可无。"

从这部电影回到专门讨论学生"成长之怒"的"大题小做"：为了解决学生成长的"大问题"，我们可能要好好作好"学生发怒"这个"小文章"。

有三点思考，与您交流：

1. 我们要有足够的胸襟"容怒"。因为我们的学生，不总是带着阳光与理想走进学校，也可能带着情绪、带着怒气走进学校，或者，在学校里也会引发他或她的冲天怒气。不同的学生更是生活在不同的家庭、社会环境中，遭遇不同的人，而这不同的环境、不同的人又反过来影响、制约了不同学生的成长。世界上没有两片完全相同的树叶，也没有一个从来不生气发火、不会愤怒的学生。做老师的，首先要戒掉想当然的心态，清醒地意识到，当我们每天站在门口迎接学生进校时，不仅要准备迎接每个学生阳光的微笑和理想的召唤，也时刻准备迎接他或她不经意之间突发的火气与愤怒。学生的愤怒，不仅有原因，更有态度、有情感、有思想、有个性。认清这一点，做好这样的心理准备，从管理学上说，就是要有学生情绪管理的意识和技能；从师德修养上说，就是要认真对待每一个孩子，不管他是聪明的，还是愚笨的，也不管他会不会动辄怒气冲冲、难以控制。他们，都是我们需要去尊重、去关爱、去陪伴、去引导的"VIP"。

人不轻狂枉少年，少年儿童生气、发怒，是上天也会原谅的事。正如纪伯伦所言，"一个伟大的人有两颗心：一颗心流血，一颗心宽容"。

2. 我们要有足够的储备"知怒"。不理解学生"成长之怒"从何而来，不懂得"成长之怒"是怎么回事，就很难引导它们往哪里去。

每一种愤怒都有不一而足的原因，呈现出不同的表现。比如，生于愤怒或者不安全、不公平条件中的"环境之怒"，遭遇不同情感危机的"情感之怒"，因"志不同道不合"导致的"思想之怒"，因青春期争强好胜引发的"身体之怒"，因理想愿望得不到实现而变得自暴自弃的"指向之怒"，等等。中小学生，处于身体、思想、情感极其敏感、脆弱的阶段，对于家长、社会，特别是教师的不公平对待，对于朦胧冲动的情窦初开，对于种种攀比导致的忌妒不服，对于家长压制、校园欺凌导致的情绪化反抗，还有对于社会上的种种丑恶现象导致的嫉恶如仇……都会导致学生冲冠一怒。教师一定要善于"溯其怒之源，引其怒之流"。根据我的观察，一般说来，学生的愤怒情绪可以概括为"怒人""怒事""怒己"三种来源，"正义之怒"与"自私之怒"两种性质，"血气之怒"与"理性之怒"两种表现。在遭遇学生愤怒时，教师一定要冷静判断，理性分析，分门别类，做出因应。

3. 我们要有相应的智慧"导怒"。就是说，教师只有先进到学生的愤怒里面去，才能最终带着学生和自己走出"怒海"。我们都知道大禹治水和其父亲鲧治水的区别，一个善于"导"，一个囿于"堵"。我们遇到学生愤怒，首先要"制怒""止怒"，这本身没有错。关键是，有的愤怒我们根本制不了，也止不住，即使有的愤怒表面上被制止了，但是那愤怒的火苗还在燃烧，遇到一点火星，还会再次喷发。甚至某些情况下，教师不科学的"制"与"止"，基本上就相当于"火上浇油"。

教师究竟该如何"导怒"呢？我有三点经验。

经验一：要比学生的愤怒"快一步"。人其实是不轻易发怒的，即使一个经常发怒的人，也不是说发怒就发怒，而是需要一个过程。根据我的观察，学生的发怒一般要经历"平地风雷—怒火中烧—怒不可遏—怒发冲冠—引发联动—导致后果"6个阶段，教师一定要在平时就加深对每一个学生的了解，在特定事件中更要善于观察学生言行的"异动"，确保先于、快于学生"怒发冲冠"，将愤怒导向一个理性、平和的状态。

经验二：要努力转换"频道"，让学生"发泄一下"。亚里士多德曾经将愤怒形容为"属于野兽一般的激情"，是"凶杀的根源，不幸的盟友，伤害和耻辱的帮凶"。一个人的愤怒，最终将表现为两种后果：要么伤己，要么伤人。心理学家将这两种后果概括为"野马效应"和"踢猫效应"。所谓"野马效应"，说的是非洲草原上的野马最怕小小的吸血蝙蝠。虽然这种蝙蝠很小，吸血量也不足以要了体型庞大的野马的命。但由于野马被蝙蝠叮上后，会暴怒狂奔，最后实际上是被自己的愤怒活活折磨而死。这也就是莎士比亚说的，"因为敌人燃起一把火，反而把自己烧死"。所谓"踢猫效应"，说的是一位骑士受到了领主的呵斥，回到自己家中对管家大发怒火，而管家回家打妻子，妻子委屈打儿子，儿子愤愤不平踢翻了猫……这实际上是一种愤怒情绪的"链式污染"，说明一个人的愤怒，会给其他相关甚至不相关的人都带来伤害。如此说来，我们似乎遭遇到一种两难困境——一方面，我们无法真正制止学生的愤怒；另一方面，真的任由愤怒流淌，不是伤了"野马"自身，就是害了无辜的"小猫"。对此，除了平时加强对学生的愤怒教育之外，教师要善于用"导引"之术，通过转换"频道"，转移时空，或者让特定的学生将心中的愤怒倾诉出来，或者把淤积的愤怒适度发泄出去。有兴趣的老师不妨去了解一下日本松下公司特设的员工"出气室"，也可以进一步研究一下哈佛大学梅奥教授在 20 世纪 20 年代就发布的"霍桑效应"报告。

经验三：要教会学生自己"管一管"。学生的愤怒情绪需要管理，但是归根到底需要的是学生的自我管理。最好的愤怒引导之术，不过就是让学生努力成为管理自己情绪的主人。我做班主任的时候，就曾教给学生——遇到事情"忍一忍"，对照人生目标"想一想"，准备出手"等一等"，预想后果"算一算"，找到朋友"说一说"，自我调节"放一放"等"6 个一"的"戒怒土方"，虽谈不上多么高深，但在实际生活中还是挺管用的。

教师比学生"快一步"，转换频道"发一下"，教会学生"管一管"，说到底就是要针对学生的愤怒，着力处理好两对关系：一是"止气"与"出气"的关系，既要设法制止可能的愤怒，又要"引流"已经出现的"怒气"，实现"止气"与"出气"并举；二是"输气"与"理气"的关系，既要通过外因的力量，给发怒的学生以真诚的陪伴和坚定的帮助，又要指导学生努力打通自己情绪的"任督二脉"，自我调理心内奔腾汹涌的愤怒之气，使其万宗归一，"致中和"，实现"输气"与"理气"并重。

正视学生的"成长之怒"，重视学生的情绪管理，处理好"止气"与"出气"、"输气"与"理气"的关系，努力实现"容怒"—"知怒"—"导怒"的三级跳，不只是为了制止学生的愤怒、把学生慢慢带出"怒海"，更是为了在穿行"怒海"时，实现自我成长、自我完善。对学生如此，对教师同样也是如此。

当你遭遇学生的愤怒时，请对自己也对学生说一句：且慢，其实我们可以走出"怒海"……

最后，还想告诉您我的一个发现，我没有想到，一辈子嬉笑怒骂皆成文章的马克·吐温，竟然曾经说过这样一句义正辞严又不无浪漫的话——"一只脚踩扁了紫罗兰，它却把香味留在那脚跟上。这就是宽恕。"

我想，我们能够做得到。

2020 年 2 月 13 日

## 电影 24:《飞越疯人院》

# 想起与"逃学"有关的"猫鼠游戏"

在浪漫的电影里,学校往往都是乐园。可在现实的生活中,也许教室成了桎梏。谁能阻止那一幕幕逃学的戏码一再上演?

在我以前的思维里,逃学,充其量就是成长中的孩子调皮的表现,至多不过是怕学习的表现,而且对逃学的危害,也只是觉得可能会影响学生的人身安全,以及更怕家长"闹事"而已。直到,我无意中看到了这部电影。

《飞越疯人院》:某地的疯人院。这里的人在医生、护士看来,都是病人。所有人都被以看病的名义,失去了自由,失去了兴趣爱好,更失去了思想……

影片中的一号人物是墨菲,他因打架斗殴入狱服刑,却不失热情、正直的本色和对自由的向往。二号人物是疯人院护士长拉奇德,她是病人的"统治者",严苛推行管理秩序,表面上不动声色、端庄威严,心里却完全没有对病人的同情,常常打着爱的名义,行使自己的权力,压制所有的病人。三号人物是病人比利,一个恋母情结的牺牲者。因为惧怕母亲,他变得口吃、懦弱;后来又因为拉奇德以向他母亲告状相威胁,他违心出卖了一心帮助他的墨菲,最终自杀身亡。四号人物是印第安人酋长,他长得人高马大,却从来不敢展示力量,甚至因为惧怕而一直装聋作哑,在墨菲的鼓励下,他恢复了正常,并成功逃离了疯人院。

故事梗概如下:墨菲由于厌恶监狱里的强制劳动,装作精神异常而被送进了精神病院，他原以为这是他逃避苦累的自由避难所。但是护士长拉奇德制定了一整套秩序，一切都要以此为准则。病人们受到了严格的管制，还不时受到她的侮辱和折磨，很多人失去了自我，甚至是生存的欲望。

墨菲对此十分不满，开始向护士长的统治者权威发起挑战，导致拉奇德针锋相对的报复。她用大音量音乐折磨病人，并冷酷地拒绝降低音量的要求。她冰冷地拒绝了墨菲提出的带着大家看世界杯比赛实况转播的请求，即使墨菲争取到了酋长的支持，凑够了表决的票数，拉奇德依然以表决时间已过为借口拒绝打开电视机。

墨菲一心想让病人们打起精神，过上哪怕一天的快乐生活。他把病友们偷偷带上了汽车，来到了一个小港口，又乘船到海中钓鱼作乐。被抓回之后，墨菲受到了电击的惩罚。但不久，他就又把自己的女友和另一个女孩带进了医院，和病友们开了一个愉快的派对，并准备派对结束之后，就和酋长一起逃之夭夭。谁知比利看上了与墨菲女友同来的女孩，为了满足这个可怜的人，墨菲请求女孩同意陪伴比利，这样就错过了逃跑的时间。闻讯赶来的拉奇德威胁比利，使他告发了墨菲，并逼得比利割脉自杀。怒不可遏的墨菲一下子扑上去掐住了拉奇德的脖子。最终拉奇德没有死，却以治疗的名义摘除了墨菲的大脑额叶，使之成为真正失去了思想和个性的"尸体"。觉醒了的酋长最后出于不忍，用枕头捂死了墨菲，使其得以解脱。最后，酋长砸破医院的围墙——飞越疯人院。

这是一部彻头彻尾的悲剧，对剧中的墨菲来说是悲剧，对看电影的我们，回到越来越疏离的现实生活，也难免有一丝悲凉。

作为一名教师，我还是想从影片最直接的主题出发，从墨菲与酋长的"飞越疯人院"，从拉奇德千方百计的阻止与惩罚，去联想学生的逃学。

在此，有必要严正声明：我只是因这部电影突然联想到逃学问题，绝非存心与影片一一对应，将学校比喻成疯人院，更不是要将和我们一样的老师比成拉奇德。如果那样的话，我岂不是等于说我自己也疯了吗？

学生逃学问题必须正视，否则，学生千方百计"逃"，老师想方设法"追"，校园里一再上演汤姆和杰瑞的"猫鼠游戏"，也绝对不是什么令人愉快的事。说到底，汤姆和杰瑞带给我们的只有快乐，而关于逃学的"猫鼠游戏"带给我们的只有烦恼、焦虑，甚至牵一发而动全身的危机。

我想追问这样几个问题，不妨一起来探讨。

### 问题一：学生为什么总是想着要"逃离"？

前面我们研究上课走神的时候，提到了很大可能是学生常常做"白日梦"。但是，毕竟走神"走"的只是"神"，人还好端端地坐在教室里，生活在学校中。逃学则是学生整个人在物理空间上与学校产生隔绝。对其原因和性质的判断，更不能简单以学生"不听话""不守纪律"而视之；在处理上，更不能武断地以严管重罚而待之。否则，我们真的与拉奇德护士长是同类人了。

第一，我们似乎可以把逃学视为"走神"的升级版。就是说，"白日梦"在课上做得还不够，要做到学校外面去。

第二，我们似乎可以把逃学视为学生确认长大的一次自我"宣言"。经历过成长的人，大多是一开始总是对周围的人和事充满好奇、兴趣与信任，但是随着年龄的增长、身体的发育与思想的丰富，身体内或多或少地就会渐渐长出几块"反骨"，意识中更多了几分不相信与批判，行动中就自然多了几分不合作。于是，对抗教师、反叛规则、展示自我，在一些学生那里，似乎就成了一堂不可缺少的必修课。我和不少学生、老师都曾经探讨过成长中的反叛这个话题，有些人，即使一些乖孩子，虽然从未有过逃学的举动，但是内心却几乎都有过逃离的冲动。如果这种不合作的意识，逃离的冲动，遇到了某些诱发事件的发酵，遇到某些弃之难耐的兴趣爱好的诱惑，特别是遇到三两个志同道合者的蛊惑，那么，"杰瑞"就会在"汤姆"老师们的眼皮底下"先逃之而后快"。

第三，我们似乎还可以把逃学视为学校和教师管理的一面"透视镜"。一所几百上千人的学校，逃学的人毕竟是少数。可是，即使这些逃学的人，也是教师的学生，是学校的一员，需要的不仅是千篇一律、一视同仁的普遍性教育，更需要因材施教、量体裁衣的"特别的爱给特别的你"。我确信，一个具有反叛意识、不合作态度的学生，虽然具备了逃学的可能，但未必非要逃学不可。甚至即使遇到了诱惑与朋友的蛊惑，也不一定立刻就能使逃离成为现实。而一旦具备了这些诱因，只要学生发现了教师与学校在管理方面的一点疏忽、漏洞与错误，特别是对具体个人的不公平待遇（哪怕是出于误解），那么，所有逃学的可能必将立刻就像支付宝成交一样，一经点击，马上"兑现"。影片中，墨菲与酋长的逃离，本质上倒不是因为墨菲天生反叛（事实上墨菲本来是幻想到疯人院"躲清静"来的），而恰恰是因为拉奇德非人道的管理。从这个意义上说，逃学中犯错误的是"杰瑞"，该反思的却是"汤姆"们。只是很遗憾，不知道是一代一代的"杰瑞"越来越调皮，还是包括我在内的一代一代的"汤姆"始终未曾深刻反思与"改过"，所以，校园里的"猫鼠游戏"倒是不断在上演。

## 问题二：到底是谁为学生的成长负总责？

如前所述，有的学生是因为升级的"白日梦"而逃学，有的是因为想要宣告自我的成长而逃学，有的则是因为学校和教师管理的偏差而逃学。这样看来，是不是就不能简单地以"不听话""不守纪律"之类的结论，来定性逃学的或者正在谋划逃学的"杰瑞"们？窥一斑而知全豹，小小的逃学问题，其实折射的是我们的学生观、成长观、管理观与教学策略的共同发酵和综合"疗效"。

至此，问题似乎可以发生一次比较顺理成章的"迁移"，既然逃学的问题，是学生成长中综合问题的折射，那么我们自然可以深一步追求：到底谁为学生的成长负责，到底谁是学生成长的总负责？

首先该对学生负责的是家长，家长是学生的第一监护人；其次是教师，教师是学生成长路上的陪伴者、理解者与摆渡人，是学生的"重要他人"；再次是社会各界，必须为学生的成长创造良好的社会环境、文化环境和心理环境。必须强调的是，最应该对学生成长负责的是学生自己。换言之，只有学生才是他自己的主人。这是我们花了几十年时间、几代人的努力，才逐渐在我们的学校慢慢普及的主流教育观、价值观。尽管，这样的教育观、价值观一直遭受传统观念和各种力量的阻击与冲击，甚至，不断有各方面的主体，有的时候是家长，有的时候是教师，总是想越俎代庖，试图主宰学生的一切，我们都必须努力捍卫"学生对自己的成长负责"这个旗帜鲜明的价值观。

如若不信，请看看《飞越疯人院》，护士长拉奇德不可谓不道貌岸然、神情端庄，而且一口一句对人负责，处处打着爱的旗号，可是最终又如何呢？她可以不顾病人的反对将音乐开成噪音，她可以置大家观看世界杯的兴趣与愿望于不顾，害得墨菲们只能对着黑暗的电视机屏幕，凭空想象一场比赛，口头解说，不，其实是"胡说"一场比赛，试问，这到底是负责还是戕害？也许，拉奇德还自认委屈，振振有词，说她面对的是一些病人，可是，经不起追问的是，一个某一方面有病，即使是精神有病的人，就失去了做人的所有权利了吗？

《飞越疯人院》是悲剧，是墨菲的悲剧，也是拉奇德的悲剧，她大概怎么也想不到，她是如此尽责管理，为什么却落得个差点被墨菲掐死，并最后导致酋长逃离的命运？当然，对于拉奇德的最后结局，电影没有交代。但我们可以展开合理想象，要是这件事情发生在我们的生活里，那么遭遇有人逃跑这样大的事故，即使一贯先进、优秀的拉奇德恐怕也难逃"问责"的命运。

拉奇德最大的问题，不在于她的负责，而在于她越过了主体的边界在负责，在于她的所谓严格管理更是越过了病人们可以忍受的底线。我们从中是不是可以得出这样一个结论——一切以不尊重学生主体、不懂得学生需求的所谓负责，其实都是对教育的误解，对成长的伤害？

既然要让学生为自己的成长负总责，教师和学校只是服务的提供者，那么，《飞越疯人院》至少可以在两个方面给我们教育者以强烈的警醒：

第一，"不完整的人"绝不等于就不是人。影片中，在拉奇德看来，所有进来的人都是"有病的人"，这本来也不算错，可是问题出在她由此展开了思维的无限扩展与行动的变本加厉，她根本没有把"有病的人"当作人！不尊重病人的人格，不理解病人，内心充斥了被所谓"为了病人好"的责任感模糊、幻化了的崇高与自我神圣，使无休止的惩罚、无底线的侮辱与伤害成为她日常工作的"主旋律"，最终只能导致两个后果：一个就是更多人变成行尸走肉，彻底失去了做人的权利和尊严；另一个就是如墨菲和酋长的逃离与反抗。

由此观教育，观我们的学生，在洛克看来，学生都是一些"不完整"的人，需要学校和教师的规范化、系统化教育，来引领、促进他们的成长；在杜威看来，学生是自我成长的主体，最终并不是教师成就了他们，而是学生的生活和自我教育成就了自己。起码我们可以说，是学生将教师的教育通过主体内化，而最终成就了自己的发展与成长。为此，作为一线教师，我们就不能仅仅将学生看作"不完整的人"，甚至更不能像拉奇德那样将"不完整的人"不当作人，而是更要将其看成是"成长中的人""可以在教师的帮助下逐步走向自我完善的人"。教师和学校的第一条"军规"，并不是揪着学生的"不完整"不放，僭越学生的成长主体地位，而是要切实将学生当作"不断走向完整的人"，通过不断尊重学生的成长自主权，赋予学生自主成长的各种可能与机会，给学生的自主成长持续赋能，进而实现学生和教师的共同成长。否则，只会导致逃学现象屡见不鲜，即使现代安保措施不断完善，足以让学生逃不出学校和教师编织的"网"，也一定会有很多学生"身在曹营心在汉"，人虽还在学校里，心思早已飞越学校围墙之外了。

第二，严肃的管理绝不等于想当然的"暴虐"。影片中，拉奇德治疗病人，或者说对付他人的重要手段，就是打着严格管理的名义，实施或明或暗的严苛惩罚与精神控制，甚至是阴险毒辣的摧残暴虐。墨菲和酋长的逃跑，在起初意义上还是"好男不跟女斗"的礼让，或者是某种程度上的"打不过你躲着你"的"认怂"。但是，拉奇德依然故我，不断变本加厉，最终导致了墨菲想要掐死她的、几乎具有"狗急跳墙"性质的反抗，以及酋长孤注一掷，砸破围墙的终极冒险。影片中有一个细节值得我们反复咀嚼：在墨菲发现了拉奇德的非人道管理之后，曾经当着众病友的面，试图搬起一个自来水龙头下面沉重的水槽，宣称要用它砸破围墙逃出去。当然，他的力气显然不够。当时，他略感失落，却依然信心满满地说："至少，我试过了。"当时看这个镜头的时候，我真没有太过留心，至多是以为导演要以此来表现墨菲的热情、自信与乐观。没有想到的是，到了影片最后，人高马大的酋长，真的搬起了这个沉重的水槽，砸破医院的围墙，飞越了疯人院，实际上也是替墨菲圆了一个梦，实现了墨菲永远不能实现的理想。这就告诉我们，如果一个单位、一个学校的管理，不能真正做到以人为本，那么，哪怕它看上去力量再强大，显得多么稳如磐石，终究还是有人会冲破这严苛管理的藩篱，像孙悟空大闹天宫一样，闹个天翻地覆。

以此来观学校和教师的管理，德鲁克曾经说过："所谓领导，就是做正确的事；所谓管理，就是正确地做事。"而判断正确与否的重要标准，就是我们的制度、我们的管理，能否走进被管理者的心底，能否激发被管理者的主动性、积极性与创造性。当然，任何管理都离不开必要的制度与严肃的评价，以及严格的反馈乃至处罚，但是，这一切的出发点不是为了严格而严格，不是为了处罚而处罚，而是首先要在确立制度与实施管理之前去思考是否科学与适需；其次要在决定处理和处罚之前去思考是否还有更好的办法，或者是更综合的、人文的手段；再次要在处理与处罚之后，更细致、人性化地关心、关注学生的后续发展。否则，所谓的管理，只会带来与本来愿望适得其反的后果，甚至会一石激起千层浪。比如在逃学问题上，一次逃学没有处理好，不仅这个学生会一而再、再而三地逃学，还会引起其他同学的效仿。即使将学校的处罚不断加码，哪怕像电影中的拉奇德那样，摘掉了墨菲的大脑额叶，但是，按下葫芦浮起瓢，终究挡不住另一个墨菲——酋长的继续逃离。总而言之，加强管理固然必要，但是，再严格的管理也不能变成一厢情愿想当然的"严管"。


问题三：个别人的发展能否代替或者遮蔽整体的发展？

《飞越疯人院》总体上是个悲剧，好在最后酋长的飞越给我们带来了一丝安慰与希望。但是，随后的不安、担心与疑问又随之袭来：酋长逃走了、自由了，还有更多的病友在围墙里面，他们的境遇如何，他们怎么办？是依然不断有新的"酋长"出现，还是围墙补得更高更牢，更多的人成为那个行尸走肉的"墨菲"？

电影人物的命运，可以给我们带来更多的想象空间，但是学生的成长却无法给我们留下多少弥补的空间。最是成长不可耽误。当年刘欢所唱的"心若在，梦就在，只不过是从头再来"，充其量不过是艺术的煽情，生活，特别是学生的成长几乎没有"从头再来"的机会。严格来讲，我们常说的"不叫一天虚度"，不只是对学生而言，更是对教师的教育教学和学校管理而言。具体到逃学这个问题，即使个别人的逃学问题解决了，我们也不能忽视他们继续逃学的可能性，更不能忽视更多人想要逃学的潜在性，更要重视对"身在曹营心在汉"的这种隐形逃学问题的针对性反思与解决。毕竟，我们都明白"一花独放不是春"的道理，哪怕我们已经解决了少数学生逃学的问题（实际上这已经很难很了不起了），我们依然要将视线放得更宽一些，比让学生不逃学更重要的是——我们要让所有的学生都爱上学习、爱上学校、爱上老师。说到底，只要爱了，就不会逃。

从《飞越疯人院》的"飞越"，我想到现实学校中学生的逃学。弄清学生为什么要逃离，我们就会有更充分的准备；树立学生是自己成长的总负责的理念，我们就会想方设法减少甚至杜绝学生的逃学；而处理好个别发展和整体发展的关系，我们就会更多从防止逃学的思维，走向爱上学习的美好。

2020 年 2 月 15 日

# 电影 25：《天才枪手》

## 考试作弊，另一种"猫鼠游戏"

考试作弊的屡禁不止，与其说是学生问题，不如说是一个社会问题；与其说是一个道德问题，不如说是一个心理问题……

看《天才枪手》，我真的惊呆了。

这是一部公开展示考试作弊全程与细节，并且一定意义上还为作弊者喊冤的电影——天才少女小琳出身于一个普通的中学教师家庭，像天下所有望子成龙的父母一样，父亲隐瞒了与母亲离婚和缴纳巨额赞助费的事实，把小琳送到了一所著名高中，以期小琳能去国外名校深造。在这里，她的天才得到了充分的施展，校方不仅免去了她的学费，而且她还得到了和另一位同样优秀的男同学班克竞争去新加坡学习（全额奖学金）的机会。

在新学校的同学中，小琳和一个叫格蕾丝的富家女成了好朋友。一次出于友谊的义气之举，小琳轻而易举帮助格蕾丝通过了一项重要的考试。兴奋不已的格蕾丝把小琳介绍给了富二代小巴。小巴和更多的富二代一再央求小琳帮忙作弊。于是，天才少女小琳，充分利用她的高智商，从开始"客串"作弊到主动与小巴、格蕾丝们组成了校内作弊团伙。小琳自己也从中赚了不少"外快"，自以为可以减轻父亲的经济压力。

更大的考验随之而来。小巴的父母希望小巴和格蕾丝一起参加美国的STIC 考试，一起去波士顿大学学习。惊恐不安的两个人再次找到小琳，小琳也想正好趁此机会去国外名校，不仅不需要花父亲的钱，还可以通过扩大作弊成员，赚取更多的钱。为此，经过反复研究 STIC 考试漏洞，他们想到了利用时差，由小琳到澳大利亚考试，再想方设法把答案传回来。

为确保万无一失，小巴又暗地请人殴打了家境贫寒的班克，使其错过了申请新加坡全额奖学金考试的时间。不知情的小琳拉着灰心丧气的班克"入伙"作弊，以图两人一起赚钱出国学习。上了"贼船"的班克，即使后来明白了这一切都是小巴所害，但是"上船容易下船难"，为了金钱，也愿意"搏一搏"。

就这样，小琳和班克来到了悉尼，预先把手机藏在洗手间里，在考试休息的间隙向国内的小巴发送答案。百密一疏，班克被人发现作弊，永远失去了参加 STIC 考试的机会，小琳也被宣布考试成绩无效。

回到国内后，小琳忽然良心发现，她拒绝了小巴给她的"报酬"，更拒绝了参加小巴和格蕾丝 STIC 考试成功的庆祝会。但是，没有想到的是，班克却是准备一条道走到黑，主动找到小琳，要求再干一票大的考试，赚更多的钱。

幡然醒悟的小琳，或者也可以说失望至极的小琳，做出了一个勇敢的决定——她走进了司法机构，自首陈述……

电影到此戛然而止。两个多小时的时间，因为一直处于影片情节的紧张推进和思维的不断"跳跃"遐思之中，我真的没觉得电影有这么长。看完之后，我有两个"完全没想到"、一个"深切感慨"和两个"大大的问号"。

两个"完全没想到"：一是完全没想到这部泰国电影竟然如此胆大、如此赤裸裸地揭露了考试作弊如此多的细节，他们不怕引起青少年的模仿和社会其他人士的"不适反应"？二是完全没想到这部泰国电影对社会的批判和对人性本质的解剖竟然是如此辛辣、锐利。说起来，这还真算不上一部仅仅事关作弊的校园剧，而是一部深刻反思社会不公现象和人性丑恶的思想剧。影片中，通过主人公的对话，强烈抨击了有钱人家垄断学习机会的现实，更通过天才少女的眼睛，揭露了金钱社会"一切向钱看"的本质。在校长批评小琳通过帮人作弊挣钱时，小琳大声质疑："那学校收每个学生巨额赞助费不是挣了更多钱吗？"理由有点牵强，但抗议真的是让人感到戳到了这个社会和每个利益至上的人的痛处。至于班克的堕落，更是一个人性沦陷的带血的例子。看到这里，实在让人对班克恨不起来。因为在班克铤而走险、一去不回的另一端，是小巴和格蕾丝们兴高采烈，准备踏上去美利坚的行程。这种强者恒强、弱者恒弱的"马太效应"，让普通的我们，甚至因为陷于普通而越来越变得适应普通、安于普通的我们，要么是愈加哑口无言，要么是先找个地方让自己痛哭一番。

一个深切感慨：小琳和班克的人生路，因为小小的作弊而完全被改写，甚至被"格式化"。小琳的下滑轨迹是这样的：先是出于朋友义气"客串"，到了后来是不得已被"卷入"，再到后来是主动"下水"；班克的道路则更简单得多，对比更强烈得多：从开始对作弊"义愤填膺"，到后来"报复性加入"，再到后来"执迷不悟"。如果小琳属于"温水煮青蛙"的慢性自杀，班克就是"明知火坑往下跳"。影片结束，通过小琳的自首，给观众留下了一点光明的尾巴，或许这是导演为了影片过审，特意给出的"交代"。真正让人感慨万千的是：不管是"温水煮青蛙"，还是"明知火坑往下跳"，有些路一旦走出去第一步，就实在难以回头。

两个大大的问号：

——关于人性：在这样一个利益格局下，在这样极其现实的生活中，每一个人如何自处，特别是作为教师还要教给学生在这个现实世界里如何自处。

——关于作弊：我们到底该如何看待作弊现象、作弊的人，如何完善反作弊"机制"？

说起作弊，其实很常见。可以说有学校，就有作弊现象；有考试存在，就有想要作弊的人。君不见每年高考前后，大小媒体都要报道，哪里又抓获了一批有组织作弊的团伙，缴获了一大批高科技作弊器材，还逮捕了几个真真假假兜售高考真题的贩子！这就说明，连高考这样最严肃、最高保密级别的考试，在关闭命题人、屏蔽考场信号、严禁夹带等各方面工作几乎已经做得天衣无缝的情况下，依然有人铤而走险，更遑论在平时的教育教学中，在日常的期中、期末考中了。考试的时候传个纸条，偷对一下答案，甚至将橡皮膏贴在手臂上……虽然老师们依然"凶神恶煞"一样在监考，虽然在作弊的时候难免有那么一刻会心跳加速，虽然事情败露之后难免有一段时间抬不起头来，但是，"好猎手"架不住"狐狸多"，"汤姆猫"怎么会追得上"杰瑞鼠"呢？

有人作弊，就有人管作弊。多少年来，管作弊的人——老师，就变成了忙碌的"汤姆"，总是施展"五大法术"：教、防、堵、抓、罚；作弊的人——学生，就变成了神出鬼没的"杰瑞"，总是想尽办法见招拆招，努力比老师跑得更快一步。于是，关于作弊的"猫鼠游戏"不仅不断上演，而且在不断升级。

也许作弊首先不是一个道德问题（或者在作弊的人看起来只是一个不影响人格大局的小节问题），而是一个心理问题。

为此，我们不妨换一个视角，变如何"教、防、堵、抓、罚"为先理解作弊的学生和学生的作弊。

一是作弊者看重的不只是分数，而是"镜子中的自我"。表面看，电影中小巴与格蕾丝作弊，是为了通过 STIC 考试，可是，他们只是为了实现父母让他们去波士顿的心愿；而小琳参与作弊，却是为了在父亲面前证明自己可以不需要他为了给自己交学费而卖汽车。换言之，分数对于作弊者固然重要，但是分数说穿了只是一个中间"宿主"，他们更看重的是自己在乎的人，或者是其他方方面面的人对自己的评价。这实际上再一次证明了美国社会学家库利在《人类本性与社会秩序》一书中所提出的一个形象的比喻："每一个人都是另一个人的一面镜子，反映着另一个过路者。"反过来也可以说，"一个人对自己的认识是其他人对自己看法的反映，他所具有的这种自我感觉，是由别人的思想、别人的态度所决定的"。是不是确实有道理？每一个作弊的人果真在乎的是分数、是班级排名吗？其实是分数出来后、排名揭晓后父母长舒一口气的坦然、老师喜笑颜开的表扬、女同学嫣然一笑的欣赏，或者跻身某一个同学群的资格……这些人的坦然、表扬与欣赏，都集合在一个"镜子中"，让作弊者看到了自己"应该有的样子"。只是作弊的人没想到的是，自己为了"镜子中的自我"而作弊，无意中自己又成了别人的"镜子中的自我"。从这个意义上说，真的要减少作弊，恐怕先要改变对学生的评价。

二是作弊者追求的不只是对规则的反抗，而是打破规则之后的愉悦与快感。如果说为了"镜子中的自我"而作弊，只是体现作弊者与他人的关系，那么，我们依然不能回避作弊者自己与自己的关系。影片中班克一开始是一个正直、向上，甚至有点嫉恶如仇的少年，正是他向学校举报了另外一个同学的作弊，进而"殃及池鱼"，连累了小琳失去了参加新加坡全额奖学金考试的资格。后来，班克却一而再、再而三地主动跳入了作弊的"火坑"，这是不知道规则、不明白后果吗？显然不是，他是要以此来挣钱、挣更多的钱来报复这个社会。

回到我们平时学生们的作弊，虽不至于有报复社会这么大的"野心"，但也难免和老师捉迷藏、让老师难看，提高自身影响力，甚至只为了享受那"惊心动魄"一瞬间的快感。怎么样，这种感觉，是不是有点像小时候偷喝爷爷的酒、偷抽爸爸的香烟？苏联心理学家普拉图诺夫在他的《趣味心理学》中谈到一个有趣的实验：在书的前言中特别要求读者不要先阅读某一章，可是，事与愿违，反而更多的读者都与这规定唱了反调。这，就是"禁果效应"。后来据说香港某烟商还利用这个效应做了一则广告，狠狠赚了一笔。这个广告词很绝：吸烟有害健康，某某香烟也不例外。结果大家都纷纷去买这个品牌的香烟。其实，所谓的"禁果效应"说穿了就是逆反心理和好奇心驱使。随着时间的推移，中小学生身心也在不断发育，一个重要的特征就是逆反心理与好奇心与日俱增，伴随而来的还有更强烈的冒险意识。所以，具体到反对作弊这个问题，"猫"追得越厉害，总会有不怕死的"老鼠"跟你兜圈子。从这个意义上说，真的要减少作弊，恐怕确实要改变原来只注重一味严堵的策略，而是先去疏通学生的内心。

三是参与作弊的往往不是满足于做那孤单的"一只羊"，而是希望有"一群羊"，最好根本就找不出"头羊"。影片中，一开始是小琳帮着格蕾丝，属于两个人作弊；后来加入了小巴、小东；再后来则几乎是全班总动员；到了最后更是全社会参与。雪球越滚越大，说明了什么？好事有人学习，坏事也有人效仿。这实际上就是心理学中所谓的从众心理、"羊群效应"。这效应本身无所谓好坏，但关键是在作弊的"群羊"中，大家都不仅实现了眼前利益的增溢——除低了成本带来的现实分数利益，还包括经济学家阿尔弗雷德提出的虚荣心满足的"消费者剩余"收益，而且即使东窗事发，也法不责众。既可以减轻自己的责任，更可以换来灵魂的安宁。从这个意义上说，真的要减少作弊，恐怕不仅要致力于疏通少数学生的内心，而且要努力进入并疏通每一个学生的内心。

四是最应该反思的不是学生作弊这个"果"，而应该是教师、家长、社会这个"因"。表面看，学生作弊是规则意识淡漠、品德修养低下、学习能力不足的体现。但是，我们能否在此基础上深度追问一下，到底又是谁造成了学生的规则意识淡漠、品德修养低下、学习能力不足？我们哪怕用普通逻辑的归因推理，也一定会把家长、教师和社会一起推到前台来。影片中，正因为小巴、格蕾丝的家长对孩子不了解实情、不切实际的期望，导致了他们的作弊；正是因为学生们所处的金钱至上、有钱人占据太多机会的这个社会，导致了天才少女小琳和品学兼优的班克的作弊。具体到一所学校、一个班级，每一个人总是在这样一个特定的学校、特定的班级去完成自己的求学之路，但是要与其他班级、其他学校的学生去竞争。如果遇到一个善于化繁为简、点石成金的教师，那么学生的学习能力提高了，竞争能力增强了，作弊现象自然会减少；反之，恐怕就是老师、家长的失责。现实中，不断有老师、家长参与学生作弊案件，除了利益的驱动，另一个原因我想大概就是老师本人意识到自己教学能力不行，所以愿意冒险帮助学生作弊去"弥补"一下。但愿我的这一推理，仅仅停留在合理想象层面。从这个意义上说，真的要减少作弊，恐怕首先老师、家长和社会要做出积极的改变，而不只是眼睛盯着学生去"教、防、堵、抓、罚"。

分析了这么多，我绝无意于为作弊的学生开脱，更不是有意无意散布"作弊有理"论。既然内因是最终的决定性因素，我们依然要强调学生自身的责任与修养，依然要告诉学生作弊的危险与危害。影片中小琳和班克"一入江湖回头难"的命运，就再一次给那些试图以作弊证明"镜中自我"、以作弊"偷尝禁果"、以作弊投身"羊群"、以作弊追求学业竞争的人，敲响了警钟，亮起了红灯。

但是，小到作弊现象的治理，大到学生的终身发展，仅有内因是远远不够的，任何内因都需要外因提供必要的条件。所以，我想说，治理学生作弊问题，真的不只是一个德育问题，也不只是一个教师教学专业的问题，对此，只有先放大视角，才能做适度的聚焦；只有先寻找学生之外的病因，才能祛除学生身上的病灶。

这样看起来，治理学生作弊，既不能就事论事，也无法急于求成。只要我们认真地、科学地对待，理性、创新地治理，即使我们不能立刻杜绝作弊，也许能够尽量减少作弊。

具体怎么做呢？我有以下四个方面的思考：

一是就管理方主要是学校而言，如何从学校、教师单向的防范作弊的"规则"强调，走向师生、家长共同参与的"契约"履行？只有让学生参与到契约制定的过程中来，才会在契约精神的激励下，提高其履行契约的自觉性。

二是就教师教学而言，如何从考前负担很重、手脚忙乱的乱象，走向学习进程中更有个性化的目标引领和更有针对性的学力提升？只有平时学得更扎实，考时才会更加有底气。

三是就学生评价而言，如何从学习成绩的单一评价，走向更有纵深感、全面性的个性化评价？不改变千军万马只看学习成绩这种单一评价，就难以杜绝学生通过作弊"赢利"的欲望。尽管这些年来，在学生评价方面，我们已经做了很多改革，但是，在如何调动不同学生，尤其是后进生的学习、生活的积极性、自信心方面，依然是一个大问题。心理学上既有盯着"短板"的木桶效应，也有看人的智能优势的瓦拉赫效应，如果总是盯着一个学生的"短板"，那么，一方面，"短板"只会更短；另一方面，学生就自然会寻求尽快拉长"短板"的"捷径"。

四是就教师、家长及其他成人而言，如何从灯柱只照别人的"手电筒"，转为自己发热又温暖别人的"暖风机"？学生屡屡作弊，除了前面分析的几种效应，还有一个不可忽视的现象，就是成人自己在各种"生活的考试"中屡屡越界，并视若平常。甚至不排除有些家长和教师，还有其他人，说起别人的"越界"总是义愤填膺，轮到自己"越界"时，往往又"网开一面"。长此以往，为学生树立了一个非常坏的"示范"，自然让不少学生在作弊时，变得更加"心安理得"。所以，没有成人世界，特别是家长和教师的以身作则的"春风送暖"，就没有学生"景行行止"的自我成长。

说了这么多，再次总结一下：第一，作弊不只是学生的问题，是我们大家的问题；第二，治理作弊不只是要抓"现行"，更要抓"前""后"；第三，治理作弊很难，但努力了总会见效。

而最大的努力，我想不过就是教师、家长与社会以自己的实际行动和更加真实的、能够让学生看得见的心，去激励并信任每一个学生远离作弊，实现自我成长。

这是一项很艰苦、长期的工作，也是一项很伟大、很值得开展的实验。只要师生共同努力，就一定能不断改变自己、改变生活，进而去感受生活的美好。

**2020 年 2 月 16 日**

## 电影 26：《求求你，表扬我》

### 表扬，让我们离幸福更近一些

*幸福是稀缺的，但是适当的表扬，起码可以让我们离幸福更近一些……*

这是一个儿子努力为家庭"光宗耀祖"的故事，也是一对父子煞费苦心要求争得"表扬"的故事，更是一个由小小的表扬引发出各路人物参与其中，演绎出的有点荒诞、有点黑色幽默却揭开了生活表象的故事，这就是电影《求求你，表扬我》。杨红旗，38岁，是个木讷憨厚、老实巴交，当然也没什么大出息的农村打工仔——重要的证据之一就是，他这辈子从来没有得到过任何表扬。这与他的父亲杨胜利先生形成了鲜明反差。杨老先生一辈子乐于做好事，家里很穷，宁愿自己不看病，也积极支持希望工程捐款。如今，病入膏肓、时日不长的杨老先生，面对着简陋的屋子里满墙贴着的奖状，只有一个愿望，就是在这些奖状中，添上一份属于儿子杨红旗的荣誉。孝顺的杨红旗言语不多，却愿意为了父亲这个最后的愿望而努力。

情人节的晚上，杨红旗走过一个幽僻的小巷，正巧遇到有流氓试图非礼大学生欧阳花，杨红旗见义勇为地解救了这个姑娘。

遗憾的是，被解救的姑娘没有像一般人那样，写一封感谢信表扬杨红旗，杨红旗只得自己来到报社，请求记者写一篇稿子表扬自己。

报社记者古国歌接待了他，开始以为杨红旗只是一个脑子有问题、想表扬想疯了的人，便以证据不足拒绝了他。可是一根筋的杨红旗不依不饶，一而再、再而三地请求表扬，并对没有人相信自己感到非常生气，也非常着急。富有正义感的古国歌便和杨红旗一起，开始了寻找证据的工作。欧阳花出于对自己名声的考虑，说了谎；连当天晚上接受了杨红旗报案的派出所也因为辖区出了流氓案影响单位荣誉，而以"到现场没有发现情况"搪塞了他们。这一切，让古国歌感到非常棘手：因为这件小事如果不搞清楚，就会影响杨红旗的清白；而如果搞清楚，就会影响女大学生的清白与未来。为了调查，古国歌又去了杨红旗所在的村子，村支书热情地款待了他。在见到了杨红旗的父亲杨胜利后，古国歌深受感触，一个受到过无数次表扬的老劳模，却住在那样破烂的屋子里，还坚持说为了省国家的钱不去住院，确实令人敬重。在老人那里，古国歌还得知当年自己报社的主编也曾经写过杨胜利的表扬稿，并获得了大奖。老人还给了他一张主编当年得奖的证明。回到报社说明情况后，主编怀念当年老友旧情，要求古国歌马上开始报道。

无奈中有点"黔驴技穷"的古国歌，只能请两个当事人当面对质。可是，欧阳花却一脸茫然、潇洒自如地否认了一切，甚至还带着规劝的语气，希望杨红旗"好好工作"。对此，急于得到证据的杨红旗却因为善良，表现出了惯有的沉默。也许他也不忍心撕开欧阳花的伤口。接下来，欧阳花的表现却让古国歌大跌眼镜：她主动提出想对古国歌倾诉，并精心打扮，想以女性魅力博得同情，以隐瞒自己那天其实是卖淫的事实。

突然间，杨红旗的父亲死了。得到消息的主编拿着当时古国歌交给他的那张旧照片，很快赶到了村里。村支书在葬礼上拿着老照片对主编说："老杨走之前说你一定会来的。"主编当然心知肚明，这张照片是当年自己为了拿奖而跟杨胜利合伙编出的假新闻。在杨红旗烧掉父亲所有奖状的那一刹那，主编也将手中那张旧照片扔进了火中。

因为怕事情被学校知道，一直惴惴不安的欧阳花，只好再去请求杨红旗原谅。杨红旗一方面因为未能完成父亲的临终遗愿，另一方面因为气愤于明明救了人却不能被承认，拒绝了欧阳花。而就在这时，由主编亲笔撰写的那篇"表扬"稿也终于见了报——《他终于得到了表扬》。

看清事件真相和所有参与其中的人的表演之后，古国歌愤而辞职，离开了这个城市。令他大感意外的是，在北京，他竟然与杨红旗再次相遇，而且还有他精神似乎更加矍铄的父亲杨胜利。原来，杨胜利根本没有死，他跟村支书串通演了一场假死戏，就他个人而言，只是想让儿子得到"表扬"，而就村书记而言，则可以得到更多的政绩……

片名叫《求求你，表扬我》，却真的不算是一部仅仅围绕表扬而展开的喜剧片，反而是一次以杨红旗求表扬为引子而展开的严肃的社会批判和深刻的人性反讽。重温这部影片时，我似乎没有想得那么深，只记得杨红旗初见记者时的那句话："做了好事就应该表扬。"

可是，问题在于影片中杨红旗这一小小的愿望实现起来是何等困难：

记者不相信——凭什么要表扬你？

女孩不承认——怕隐私泄露，宁可昧着良心。

警察不承认——怕失去先进，宁愿搪塞敷衍。

形形色色的人，出现在该表扬、要表扬的人面前，挡住了表扬的路——可见，想要获得表扬，可不是一件容易的事。

更何况，各色人等，求表扬的心态也大不相同：

杨红旗要表扬——因为做了好事就应该表扬，他要给父亲一个交代，给"光耀门庭"一张奖状；

杨胜利要表扬——他要为自己的一生画一个完美的句号，还要还给村支书一个莫大的人情；

村支书要表扬——他要自己的村出名，要为自己的政绩加分……

每一个人的愿望都很迫切，每一个人的表情都很真诚，却极有可能遮蔽了表扬者的眼睛，扰乱了表扬者的心智——可见，想要实施好表扬，更不是一件容易的事。

可以说，影片证明了两点：一是想要表扬不容易；二是想要实施好表扬更不容易。

想到这里，我不由得大感惊讶，这不就是在给我们一线教师做一个关于"怎么对待表扬"的专业培训吗？拿我自己来说，这么多年来，自以为做到深入一线，自以为能够做到和同行们一起行走，可是我们整天讨论、研究的都是些什么？不是课程建设，就是学校规划；不是学校特色，就是教师信息化素养。忙忙碌碌中，我们竟然忽视了一些常见的、特别容易被人忽略的"小问题"，比如学生走神、学生逃学、学生生气发火，这些问题虽小，也不是我们能够轻易解决的。

是啊，做了好事就应该表扬。小时候我们上学，教师是这样对我们说的；现在，我们做了这么多年的教师，也是这样对学生说，这样做的。可是，一方面，在社会大转型的背景下，师生关系正在发生深刻变化，尤其是学生的主体意识大大增强，不少学生对教师的表扬"不在乎"了；另一方面，正是基于学生主体意识的增强，加之家庭、社会对学生成长的多元化干预和评判，教师表扬的效果似乎越来越"打折"，表扬的武器似乎也有点"失灵"了。

想想看，是不是这个道理？小时候，我们要是得到老师的一句表扬，心里要激动好几天，小朋友们羡慕的眼光也要在我们身上停留好几天。可是今天，却常常出现这样一幕：一个学生五分钟前刚被老师表扬，五分钟后却犯错误了，而其他同学，也表现得"处变不惊"。

开始是对学生表扬的"失灵"，学生对表扬的"不在乎"，慢慢地，教师对"表扬"的运用，也就显得有点随意、有点应付，有点漫不经心，也有点"不在乎"了。

马克思说"批判的武器当然不能代替武器的批判"，既然表扬的"武器"有点失灵，我们不妨就深入一步，展开对"表扬武器"的"批判"。


## "批判"一：为什么我们"不在乎"表扬了？

学生"不在乎"表扬有个性增强、主体意识觉醒的原因，还有受到家庭、社会各种观念影响的原因，但根本的原因，恐怕首先应归因于教师表扬本身的"失灵"，而最终导致学生的"不在乎"。对教师而言，表扬本来应该是学生管理和教育教学中的一个有力武器，但是，为什么忍心"刀枪生锈"而"漫不经心"，也表现出了某种程度的"不在乎"呢？我想，不外乎这样三个原因：

一是难调动，表扬"少办法"。事非经过不知难。给学生上课，陪伴学生成长，绝不像电影中的老师那么容易。我常想，有时候，教师就是一名裁缝，要为学生做出一件得体宜人的衣服；有时候，教师就是一名厨子，要为每一个学生做出可口宜人的饭菜。可是真的是"众口难调"啊，明明你费尽心血端出了一盘菜，他却看都不看一眼，甚至还会有意无意打破了碗碟。有的时候，一个表扬，不仅没被表扬的学生侧目以对，被表扬的学生也是嘴角一撇，一副不为所动的样子，长此以往，真让人感叹"不想做好厨子的裁缝不是好老师"。

二是起效慢，表扬"没劲头"。过去所谓"良言一句三冬暖"，现在一个表扬，不要说"暖"一个冬天，就是一天，在一些学生那里都是奢望。表扬学生，总是因为需要倡导什么、落实什么。实践中我们常常发现，我们种下了表扬的"种子"，却迟迟不能见到成长、变化的"花"。有的甚至不仅正面效果没有显现，负面的反应却来得意想不到，比如，表扬了 A，却引起了B、C、D 的妒忌；再比如表扬 A 的某种行为，却可能遮蔽了其发展的全面性，这就是心理学家罗杰斯提到的表扬的"反向效果"。慢慢地，教师也就丧失了热情，失去了干劲，表扬也就显得可有可无了。

三是本身有情绪，表扬"没动力"。教师也是一个有血有肉的人，也需要有宁静从容的心理环境与公平和谐的工作环境。这样并不算"丰满"的理想却常常被"骨感"的现实打破。常常是应该表扬学生的教师，不仅自己得不到表扬，反而常常发现自己受到了不公平的待遇，就是说，在教师实施表扬之前，心已凉了半截，凭良心说，哪来的动力去投身教育、去实施表扬？写这段话时，我很犹豫，生怕低估了我们教师的师德水平，更怕引起不必要的议论。但我后来还是决定这样写。教师无私奉献固然没有错，却不能总让教师带着郁闷去奉献。这，才是我的真正用心所在。

"批判"二：是"表扬"出了问题，还是"人"出了问题？

出现表扬"失灵"，出现学生和教师对表扬的"不在乎"，一定跟表扬的方式、时机、目的、对象等技术性、流程性、评价性的设计或操作、细节有关。所有这些还只是一个"怎么表扬"的问题,两个重要的问题恐怕是我们首先要回答的:我们为什么要表扬?我们要表扬什么人?所以,首先还是"人"的问题。

一是作为教师,我们可能对表扬的理解还不够。教师为什么要表扬学生?对于"表扬"这种学校里从古到今、习以为常的激励方式,我们似乎还要做更深入的思考。这其中,有几个相互递进的层次——首先,表扬能够激发学生的热情,能够带动班级的管理,改进我们的教育教学技能,让我们的本职工作得心应手。这,可以算作功利性追求。其次,表扬学生,能够发现每一个学生不一样的优势,发现一个完全不一样的、可以不断成长的人,进而培养一大批自信、自主走向成长的人。这,可以算作事业性追求。再次,表扬学生,发现每一个学生的优势与善良,都可以通过教学相长、师生互补,最终促进教师自身的进步,在成全学生中成全了自己。这,可以算作自我实现性的追求。而教师之所以对表扬的武器感到"失灵",表现出"不在乎",说到底,可能还是因为大多数人还停留在第一个功利性层次上,即使是功利性层次,也需要一个长期的学习、试验、提高的过程,不能经受这一过程,自然会表现出漫不经心,自然会出现满不在乎。

二是作为教师,我们可能对学生的理解还不够。我们要表扬的是什么人?当然是学生,可是,学生与学生不一样,表扬到底"失灵不失灵",归根到底取决于我们对表扬对象的理解程度。首先,我们要表扬的,是现实中的学生,他有什么优点值得表扬,又有什么不足值得注意,表扬之前一定要"心中有数";其次,我们要表扬的,是历史中的学生,今天他的优点,会不会一直成为他的优点,会不会制约今后的发展,表扬之前一定要"眼光放远";再次,我们要表扬的,是社会中的学生,表扬了一个学生,会引起其他同学什么反应,学生家庭什么反应,表扬之前一定要"视线放宽"。总而言之,学生总是处在既定的现实中,处在长远的发展中,处在方方面面复杂的关系中,不把这些因素考虑清楚,任何表扬都只能是要么蜻蜓点水,要么适得其反。

三是作为学生，是"不在乎"表扬，还是"不在乎"不受欢迎的表扬？马斯洛的需求理论，明确提到每一个人既有生存的需要，爱与归宿的需要，也有自尊的需要，更有自我实现的需要。而适度、适时的表扬，恰恰是满足学生"爱与归宿"与"自尊"需要的重要条件，也为学生将来的"自我实现"奠定了基础。正因如此，美国心理学家詹姆斯才指出："人性最深刻的原则是渴望得到赏识。"从心理学上说，没有被表扬到的学生也会从老师的表扬者那获得某种"外部强化"，进而不断地转化为"自我强化"的行动。

既然学生如此需要表扬，可是为什么却偏偏表现出某种程度上的不在乎呢？我想，除了前面提到的教师的思想与认知的原因，还有几个不能忽视的操作性原因——比如，表扬不公平，让不该表扬的人得到了荣誉；表扬不切实际，更多停留在空话、大话层面；表扬不及时，让学生错过了最佳发展期；表扬过多过滥，让学生产生审美疲劳；表扬过于单一，不能实现与批评等其他手段的相辅相成、相得益彰。每个学生的内心都在说"求求你，表扬我"，他们其实还有一种声音——"求求你，别瞎表扬"。

### "批判"三：求求你，接受我的表扬

小小的"表扬"问题，不仅是一个关乎"表扬"自身的方法论问题，也是一个关乎"人"的人生观、价值观问题。表扬得好，皆大欢喜；表扬得不好，反而会鸡飞狗跳，甚至还可能导致利益争端与谎言、作伪盛行。《求求你，表扬我》的故事就是一个特别具有情节性的证明，也是一面促使我们正确对待表扬利弊的镜子。也许正是看到了这一点，蒙台梭利甚至曾经提议，取消一切赞赏和表扬。这当然是难以做到的，但是足以告诫我们，小小的表扬绝不是小事。

如何走出现实中表扬"失灵"的尴尬，走出一些师生对表扬"不在乎"的困境？必须从理念与操作，从问题与人，特别是从价值观与方法论的结合上去寻求答案。也许，我们未必都能找到"最优解"，但是，通过努力，我们或许会发现更多"可能解"——处理好以下几对关系。

一是"有意"的表扬与"无意"的肯定。表扬大多是公开的，也是有目的、有意识的。可是仅有这"有意"的表扬还不够，因为在心理学家德韦克看来，比起这些公开的"表扬"，学生更多需要的是某种鼓励与肯定。有时候，老师的一个微笑、一个眼神，就会让学生受到鼓舞，得到肯定，这实际上是更深层次的表扬。

二是"顺便"的表扬与"专门"的激励。很多老师已经注意到表扬可能存在的对其他学生的隐形的负面刺激，甚至是明显的反作用，所以，往往在表扬某个人、某件事时也会提到，"某某同学也不错、也很好"，这在教师看来，自己已经有很了不起的进步了，但是在那些"其他人"看来，老师的这种表扬，很大程度上不过是"顺便"的"买一送一"，是廉价的表扬，所以，还不如不表扬。既然如此，教师就必须做详细的学情摸底，针对不同同学，把握不同时机，对这些同学展开"专门"的激励，这样，表扬就会呈现出相得益彰的效果。

三是"共识性"的表扬与"发现性"的表扬。爱因斯坦曾经说过一句玩笑话，大意是：如果一个人表扬我智慧、聪明、有创造，我一点也不会激动，可是，如果他表扬我小提琴拉得好，我会非常幸福。这说明，教师在表扬学生的时候，一定要找到他最值得表扬的地方，而不是拿着大家都知道的东西泛泛而谈。如果教师总是喋喋不休于一些"共识性"因素，要不了多久，学生就会有"李杜文章万代传，至今已觉不新鲜"之感。也就是说，表扬一个学生，不仅是一个激励的过程，更是一个发现的过程。

四是"正面性"表扬与"激将性"批评。"人非圣贤，孰能无过"，其实反过来，"人非圣贤，孰能无优"也一样成立。一个人是如此，一个班级也是如此。表扬与批评，是一枚硬币的两面，教师既要善于运用表扬来进行正面的激励，还要善于运用适当的批评来进行侧面的激将。对特定学生是如此，对一般学生也是如此。

五是"单声性"表扬与"复调性"表扬。这里的"单声"与"复调"，是借用音乐上的术语，强调的主要有三个层面：其一，表扬的空间观，不只是考虑表扬"此"，还要考虑"彼"；其二，表扬的时间观，不只是考虑

"当下"，还要善于抓住"来龙去脉"，连接起"过去""将来"；其三，表扬的方法体系，不只是言语表扬，还有眼神、表情、奖励等多种形式，不只是直接的面对面的表扬，还包括"迂回性"的、间接性的表扬，不只是为了学生的发展而表扬，还要时刻警惕有人利用表扬追求功利。总之，没有最好，只有更适合。

在《求求你，表扬我》中，杨红旗与记者有过一次挺有趣的对话：

记者：你为什么要表扬？

杨红旗：做了好事就该表扬。

记者：为什么做了好事就该表扬？

杨红旗：表扬了有人幸福。

记者：什么叫幸福？

杨红旗：幸福就是我饿了，看别人手里拿着肉包子，他比我幸福；就是我冷了，看到别人身上穿着大皮袄，他比我幸福；就是我上茅房，茅房只有一个坑，你蹲了，你就比我幸福。

真是"话糙理不糙"！

幸福是稀缺的，小小的表扬即使不会直接带来持久的幸福，也会让我们离幸福更近一些。

求求你，接受我们的表扬。

2020 年 2 月 19 日

电影 27：《猫鼠游戏》

# 追回"辍学"的"杰瑞"们

相比起前面讨论过的"逃学""走神"，"辍学"更多是一种社会因素导致的现象，但依然是我们一线教师必须关注和重视的问题……

近日，正打算说一说"辍学"这个别样的"猫鼠游戏"。恰巧一部 2002 年曾经引起轰动的电影对此有所涉猎。这是一部犯罪电影。未必所有的犯罪都一定与教育扯上关系，但我们至少可以从犯罪现象里积累一些教育素材，引发一些教育思考。

这部电影叫《猫鼠游戏》，根据真人真事改编。主演是莱昂纳多·迪卡普里奥和汤姆·汉克斯，导演是令人仰望的斯蒂文·斯皮尔伯格。

故事很简单：小弗兰克出身于一个富裕幸福的家庭，父亲是著名的富豪，他本人聪慧过人，才貌双全。后来父亲遭遇了破产危机，迫使小弗兰克离开原来就读的精英学校，来到一所普通学校上学。无处不在的校园欺凌，让小弗兰克灵机一动，冒充起那个欺负人的大个子学生所在班级的法语代课教师，竟然成功瞒骗同学和校方整整一周。这实际上开启了他的骗子人生。

国税局对老弗兰克的追查步步紧逼，导致了小弗兰克父母的离异，也导致他最终辍学。深受打击的小弗兰克孤独而伤心地离开了那个已经不存在的家，开始了伪造支票骗取现金的犯罪生活。在 1963—1967 年，他在美国 50 个州与全球 28 个国家开出总金额高达 400 万美元的空头支票，成为美国历年通缉名单上最年轻的罪犯。所有这些，都是因为在小弗兰克内心深处始终有一个愿望，就是要赚很多很多的钱，以便挽救那令他无比眷恋的家，回到当初令人羡慕的幸福生活。为此，他铤而走险，先后利用自己的智慧与外貌，假扮民航机飞行员、医生、律师，行走在充满风险但是对观众来说却颇有一种"窥探隐私"和"破坏秩序"快感的"骗子江湖"中。

联邦调查局透过对一连串的案件展开调查，发现小弗兰克有重大嫌疑，探员卡尔发誓要追捕到他。经过多次"猫鼠游戏"的追逐，弗兰克于1967年平安夜在法国一伪造支票的工厂被捕（理论上他是自首的），当时被关押在法国当地的监狱。两年后卡尔负责把他引渡回美国。在返回美国途中的飞机上，得知父亲因意外过世的消息后，心有不甘的小弗兰克又巧妙地在飞机降落后，从飞机厕所的缝隙逃回母亲家，看到母亲新组建家庭幸福生活的样子，小弗兰克知道自己力图使父母破镜重圆的梦想彻底被打破了。万念俱灰的小弗兰克再次被捕，并被判处有期徒刑12年，拘禁于高度设防的监狱中。

影片在对真实的小弗兰克的后续生活的简介中结束。比如，他协助警方侦破了许多大案，他成为许多金融公司的防诈骗顾问并取得了丰厚回报的防骗专利，而且，他也有了一个温馨的家庭，并与卡尔一直保持着亲人般的友谊……

怎么样？这是一个高智商犯罪的故事，是一个"坏人"有"好报"的故事，又是一个让人爱恨莫名、啼笑皆非的"人间喜剧"。

可是，我们今天谈的是教育，而且重点谈的是"辍学"。尽管影片中弗兰克的生活过得风生水起、有声有色，但以教师的视角看，他首先还是一个辍学生。我们要思考的是，有什么办法防止学生"辍学"？如实在没有办法防止学生辍学，我们又怎么帮助他。

回到《猫鼠游戏》，回到小弗兰克的辍学，我们会引发出怎样的联想与思考呢？


思考一：我们怎么看待辍学？

表面看来，"辍学"展现的只是一种学生履行某种程序、中断学习进程的常规工作，但是，本质上，却是涉及家庭、社会、学校、学生方方面面因素的综合性社会问题。

首先，辍学的原因千差万别：有因贫困而致，如高玉宝；有因疾病而致，如张海迪；有因社会震荡而致，如当年"一二·九"运动"华北之大，已安放不得一张平静的书桌"；也有因家庭变故而致，如小弗兰克。

其次，辍学问题的背后是更深层次的心理认知问题。表面上，辍学只是一个学生学习进程的中断，影响的是他的知识储备、毕业证书以及由此带来的交往对象、工作岗位的不同，乃至整个人生轨迹的变更，本质上却是这个学生深层次心理的"翻江倒海"，甚至是价值观的"天翻地覆"。小弗兰克辍学之后走上犯罪道路，固然有其自身的原因，但有一条最关键的——他心灵深处，一直希望回到当初那幸福温馨的家庭。表面上洒脱敏捷甚至身边美女如云的他，内心深处却有一种极大的不安全感和渴求保护的愿望。也许正因为如此，在他遇到那个护士后，他决定向她求婚，并告诉了深陷生活危机的挚爱的父亲，后来也向这个护士交代了一切真相。当然，这最终导致了警察对他成功的追捕。

再次，辍学并不意味着学生停止学习。辍，本来只是中断的意思。辍学，只是中断了在学校的学习，中断了跟着某些特定师生的正规学习，并不意味着停止学习，甚至停止成长。事实上，电影中小弗兰克在他的"江湖历险记"中，学会了开飞机、开车，以及制版印刷等具体技术。有一个情节特别耐人寻味，卡尔反复追问小弗兰克：你是怎么通过律师考试的？因为在他看来，一定是小弗兰克用了什么瞒天过海之术，最后小弗兰克的回答却让我们所有人"大跌眼镜"："我是复习了两个星期考出来的。"


## 思考二：我们怎么看待辍学学生？

辍学生走了，他在我们依然在校的师生记忆里，只是留下了一段痕迹，甚至也许很快就会"销声匿迹"。正如当年福柯石破天惊的历史研究新发现一样，真正的历史并不见得是写入正传、编入世家的那些大人物的"专利"。被世人有意无意遮蔽的那些"无声"的人，并不是真的"无声"，只是他们的声音我们无法听到，或者干脆没兴趣听。如何看待辍学生，是把他作为即将"销声匿迹"的"过客"，还是一个需要发声、需要理解的"人"，实际上已经成为区分是不是一名真正的教育者、是不是一所真正的学校的"分水岭"。

首先，要确信，辍学的同学其实不是"不想学"，而是"不能学"。电影中，有两个细节值得一再关注。一个是当小弗兰克不得已要到新学校上学时，依然穿的是原来学校的非常正规的校服，他拒绝了妈妈让他穿得随便一点的建议。这件校服，一方面暗示了小弗兰克对原有家庭生活的珍惜、看重，另一方面也表现了对"我要上学"的无声渴求。第二个细节就是当小弗兰克在新学校第一天就遭遇欺凌，明知继续上学几乎无望之后，他却冒天下之大不韪，成功假扮了一名代课教师，且满满一周，甚至还发出了通知，要开家长会——这个细节，表现了小弗兰克骗子能力的"天赋"和骗子生涯的正式开启，其实何尝不是他在以一种近乎荒诞的形式与自己的学生生涯告别。

其次，要确信，辍学的学生其实不是"不会学"，而是"没法学"。辍学生中，很多不是"学不进""不会学"，有的甚至还智力超群。影片中小弗兰克就是一个典型的例证。试想一下，要不是因为生活变故，他一定会成为同学中的佼佼者，会成为教师口中时常提及的骄傲的学生。事实上，在我父辈这辈人中，有许多当年都在初小或者高小就因为家庭贫困而辍学了，可是，他们后来竟然都成了许多方面的小能人，还有乡村治理中的干部或贤达。

再次，要确信，辍学的学生更不是"有缺陷的人"，他们也许更是懂道理、有担当、有情意的"完整的人"。影片中小弗兰克走上了犯罪道路令人遗憾。可是本质上，他却是一个有情有义的人，如果在他辍学之后，家庭、社会或者学校能够给予他多一点关怀与干预，恐怕其结局也不至于那么悲伤。从现实生活中的许多辍学案例看，这些同学虽不至于都像小弗兰克一样智力过人、用情至深，但是他们往往更能够体谅家庭的苦衷，小小年纪就承担起家庭的重担，甚至因为过早离开了学校，而对老师、同学有一种特别的尊敬与依恋，或者即使毅然决然扭头，再也不和学校、老师、同学联系，那也只不过是为了掩饰自己内心的凄苦与悲凉。

## 思考三：我们怎么对待辍学生？

应该说，随着教育均衡发展的不断推进，特别在我们国家教育评价体系中，将"控辍保学"工作作为日常督导工作的重要内容，所以，现在学生辍学现象确实大为减少。说起来，"控制辍学率"只是政府部门做的事，我们一线教师可以做些什么呢？电影中那只始终追着小弗兰克这一只"杰瑞"不放的"汤姆"——卡尔，某种意义上说，倒是值得我们好好学习。

第一，他忠于职守。为法律尽忠，也是对小弗兰克负责。第二，他感同身受。因为自己也正遭遇家庭破裂的悲剧，所以对小弗兰克有一种发自内心的不忍与关爱，直到最后，这一对追逐了多年的"猫和老鼠"，竟然产生了惺惺相惜的类似父子的情感。

教师，无法替辍学生解决他所遭遇的家庭、身体以及社会问题。但是，只要我们愿意，只要我们用心，还是可以做一些事情。

首先，做好前置的心理干预。既然辍学的原因多种多样，辍学生更会遭遇很多现实问题之外的心理问题，而且辍学并不意味着停止学习、停止成长，那么，可能我们要做好更有针对性的心理介入、干预与辅导，帮助学生不仅渡过辍学关，更渡过心理关，并尽量争取将可能辍学的学生"拉回来"。这实际上是我一直主张的，学校的心理健康教育，绝不能只是弄几个沙盘做摆设，更不是学生遭遇到心理疾病然后类似于医生看病似的"开药方"，而应当更多地进行前置干预。事实上，真正等学生心理问题成了疾患，恐怕也不是几个考取了心理咨询师几级证书的人能够应对得了的。而且，即使孩子不得已辍学了，我们还要延伸服务，去关心、支持他的后续学习与终身成长。

其次，做好后续学习、成长的支持。既然辍学的学生更多不是"不想学""不会学"，而是"不能学""没法学"，那么，可能学校和教师就需要持续关注这个学生的生活轨迹的走向，起码，我们可以把对这个学生的了解，尽快与相关社区、企业展开联络、沟通，在可能的情况下，尽量支持学生的社会学习，尽量支持学生在打工中成长。我的父亲曾经是一名辍学生，但是，他从我记事起一直到去世，一直在我们面前提及他的小学老师，在他辍学之后，不仅多次上门喊他回学校，而且在得知实在回不了学校之后，还送来了几本书。要知道，在生活条件极度贫乏的20世纪50年代，几本书意味着怎样的财富，怎样的情意！后来我的父亲成了家乡最乐于助人的"乡村名人"之一，我想，这其中又哪能否定他的小学老师的付出和那几本书的贡献呢？

再次，做好"一个不能少"的班级文化建设。既然辍学的学生并不意味着是"有缺陷"的人，而是有担当、有情意的"完整的人"，那么，我们除了千方百计"拉"他回来，想方设法帮他成长，还需要借此加强对在读学生的教育——比如，如何做一个更有担当的人，如何保持所有同学的少年情意……我特别想提醒我的同行伙伴，进了我们班的"门"，就永远是我们班上的"人"。要让"一个不能少"的班级文化，在每一个成员心中，包括辍学生心中扎根。在今后某个辍学同学离开的日子里，在尊重同学自尊，保护同学隐私的前提下，鼓励同学之间加强联络，甚至提倡校内校外的同学相互帮助、相互成全。这一方面，会让我们班级这个特殊家庭更温暖；另一方面，也可能会带来不同学生，也包括辍学学生的全新成长。

回到《猫鼠游戏》，影片中老弗兰克的父亲有一段精短却非常精彩的演讲，讲到有两只老鼠掉进了奶油中，其中一只经不起折腾与考验，死了。而另外一只，却决不放弃，终于在将奶油变成黄油之后，逃了出来。他说："我就是那第二只老鼠。"

无论是老师还是学生，无论是辍学者，还是在校生，我们都要做那永不放弃的"第二只老鼠"。

哪怕，辍学学生的生活过成了一首诗，我们也要把"杰瑞"追回来。人即使追不回来，心，也一定要回来……

2020 年 2 月 21 日

## 电影 28：《狩猎》

### 天使"说谎"，百口难辩的困境

生活中说谎现象很常见，但是一个"天使"一样的小女孩的谎言，究竟会让一个人，乃至一群人，陷入怎样的困境？每个人都不是局外人⋯⋯

如果不是看这部拍摄于 2012 年的丹麦电影《狩猎》，我绝不会知道，在今天的丹麦，人们其实还被允许持枪打猎。特别是狩猎在这个国家竟然还是一个男孩子成年礼的"必修课"。

《狩猎》的主人公叫卢卡斯，为人低调、热心，待人真诚、友好，在一所幼儿园工作也是尽心尽力，深得孩子们喜欢。当然，他也是一个优秀的猎手。

只是，万事皆有不完美，卢卡斯也不例外。他遭遇了许多烦心事——夫妻离婚，儿子随了前妻，自己住在一个空荡荡的房子里，连想要儿子来住两天，都要跟前妻再三地讨价还价。

这都是生活中的鸡毛蒜皮。你永远不知道真正的烦恼在什么时候、以什么方式从天而降。

卢卡斯有一个非常要好的朋友，叫西奥。好到什么程度呢，就是那种到朋友家可以随便吃喝。西奥夫妇看上去跟普通人没什么两样，儿女双全：有一个正处于青春期的儿子，和刚刚上幼儿园的小女儿克拉。克拉天真、单纯，但她的爸爸妈妈总是吵架，而青春期的哥哥也不时在妹妹面前有意无意地炫耀一些色情图片，这给克拉幼小的心灵带来了极大的不安全感。

缺乏安全感的克拉遇到了关心、爱护她的卢卡斯叔叔，自然感到非常亲近。趁某次孩子们和卢卡斯打闹的机会，她小大人一般地去吻了他的嘴唇，而且还悄悄准备送他一张"特制"的心形卡片。善良的卢卡斯叔叔耐心地教育她，女孩子除了和家里的父母，不能与任何外人亲吻，并拒绝了她的礼物。

谁知道，这种拒绝激发了克拉心底的"恨"意。她告诉园长，她不喜欢卢卡斯，并且言语含糊地说卢卡斯曾对她暴露过某一特别器官（这其实是克拉在慌乱之中将哥哥给她看的图片"整合""移植"到了卢卡斯身上）……

园长一听，非常震惊，也非常谨慎，私下请来了心理专家，与克拉对话。克拉有点经受不住考验，因而回答得似是而非，更加深了园长与专家的不安。于是，在他们心底，已经开始宣判卢卡斯的"虐童"罪行。接下去是一系列顺理成章的操作：暂停卢卡斯的工作，召开家长会，防止有更多的孩子受到侵害……

完全不明就里的卢卡斯对从天而降的大烦恼丝毫没有准备。他还沉浸在儿子即将前来与他同住和开始一场恋情的喜悦之中。但是，很快，他的平静生活被打破。

接下来，一些我们可以想象的情节便接踵而至：有人砸他家玻璃，儿子受到侮辱，恋人经不起考验转而对他质疑，甚至超市都禁止他去购物，老朋友西奥一家更是视之如仇敌。甚至，为此还闹上了法院……

卢卡斯，成了那只被小镇上所有正直的"猎人"们冷落乃至围攻的"小鹿"。

万幸，克拉毕竟是个善良的孩子。她坦诚了自己在说谎，于是在所有人的尴尬中，卢卡斯重新回到了当初的生活——一年之后，小镇上的人又变得平静、友好、亲切、热情，卢卡斯也更加容光焕发。

但是，过去的一切，真的可以就此抹去吗？

影片最后的镜头真的让人有一种欲说还休的无奈与郁闷：卢卡斯漫步在美丽的树林，突然，林场里响起了枪声，一枪击中卢卡斯身后的小树。这一枪是谁打的？谁又将是下一个"小鹿"？卢卡斯的命运真的彻底改变了吗？

猎手—小鹿，社会—个人，这真是一部展开深刻的社会性批判电影；

冤枉—压抑，自证—洗白，这还是一部极其写实的揭示人性真相与抗争的电影。

就事论事，这是一部关于"一则谎言引发的蝴蝶效应"的电影。"无事家中坐，祸事找上门"，谁承想一则在我们看来"童言无忌"的小谎言，竟让一个人、两个家、一座小镇上的所有人的生活，掀起一层又一层的轩然大波。尽管，这其中没有一个坏人，更没有一个自认的坏人！

这让我想到我们教书生涯中几乎天天遇到、对此几乎是绞尽脑汁也似乎见效不甚明显的问题——学生说谎。

这部电影围绕小女孩克拉的谎言，整个叙事逻辑分三个阶段展开：

第一阶段：小孩说谎。即使她确实是带着某种"恨意"，也很可能是这个年龄阶段特有的"认知"偏差和"自我看重"。如果在这个阶段有正确的应对，那么一切风险都将会消弭于无形之中。

第二阶段：说谎延伸。园长的过度反应、心理专家的诱导性提问与过于自信的结论，一下子将事件发酵到不要说小女孩自己，甚至所有人都无法控制的程度。

第三阶段：说谎效应放大。所有人都被裹挟进来，形成一个社会热点事件，导致局面难以收拾。对此，要么有人出来承担责任，要么有另外一个更火爆的热点来替代。大家在这样的舆论场里狂欢，全然不顾当事人的切身感受，哪怕是大家都错了。

再来看看影片中不同人的反应：

小镇上的人，包括那位园长和心理咨询师，自然是正义加持，如临大敌。这是正常的反应，却是值得反思、警惕的现象。

克拉（西奥一家），开始说谎，后来反省。这也是正常的反应，甚至是优秀的品质。对比当下我们遭遇的一些家校矛盾，明明有人在说谎，明明学校、教师遭受了冤枉，却有人依然不依不饶，不怕把事情闹大。这一家人对于急于证明清白的卢卡斯而言，简直就是天使。但是，需要反思的是，我们爱孩子，是否就等同于无原则地相信孩子；我们觉得孩子单纯，是否就等于孩子真的不会说谎？

整部电影中唯一的亮点，还是来自卢卡斯的儿子马库斯，他始终相信自己的父亲，并且螳臂当车般地反抗了铁幕一般的社会。这让我们对冰冷的社会、压抑沉闷的生活多了一点喜爱的理由。

最重要的是卢卡斯，他的反应又是怎样的？在我们普通人看来，受冤委屈、愤懑不平之下，以拳头说话是再正常不过的结果。他也着急，到处申诉，但是，他在超市被打并被逼反击之后，他只是擦了擦脸上的血迹，说了一句"我要我买的东西"，然后付款离开。在圣诞夜，蒙受冤枉的他依然一身正装前往教堂，只是对原来的朋友西奥注视片刻，然后轻轻对他说："我先走了。"最感人的还在最后，被证明了清白的卢卡斯，依然一如往常地抱起了那个带给他太多委屈、困顿的小女孩克拉。这让我们知道，这一刻，他成了一个哲学家——他放下了；这一刻，他又成了一个教育家——毕竟，孩子需要成长，也一定会成长的，孩子对我怎么样且不去管它，爱孩子却始终不变……

这部关于说谎—说谎延伸—说谎效应放大的电影，以及电影中不同人物对待儿童说谎的反应，引发了我对日常师生关系中关于"如何应对学生说谎"的思考。


## 思考一：每个人是否能自外于"小克拉"？

研究、反思学生说谎问题，遇到的第一问，我想莫过于——为什么这么多孩子要说谎？可是，且慢，你说过谎吗？每个人面对"小克拉"都可以坦然地告诉人们，自己是那个自外于"小克拉"的人？所谓说谎，简而言之，就是对真相的有意无意的遮蔽。一方面，关于什么是真相，本身就有不同的观感与意见，而且孩子对真相的认知、对谎言的认知还必然带有年龄本身的特点；另一方面，也许我们的目光不能仅仅停留在孩子说的这个"谎"上，而是要去追究谎言背后的原因。

或许专家们对儿童说谎会有各种各样的解释，以我的经验看，不外乎这样几个原因：

一是不自觉的模仿。如果一个孩子总是生活在谎言的环境下，他就会变得说谎的时候"眼睛眨都不眨一下"。

二是身心智力发育差异性导致的认知模糊或偏差，要么就是他或她并不认为自己在说谎，要么就是在大脑中进行了错误的信息组合，半有意半无意地说了谎。比如，小克拉把哥哥向它炫耀的色情图片以及由此给她带来的不安，经过了"信息重组"，加在了让她失望的卢卡斯身上。

三是客观存在的早熟。有些孩子的智力与情感发育确实要比同龄孩子早一些、快一些，比如，影片中的小克拉，她不仅学会了接吻，还精心制作了心形小礼物……

由此看来，与其说我们要关注儿童说谎，不如说更要关注儿童生活的家庭与社会环境；我们要关注儿童说谎中的道德问题，不如先关注说谎中的身心发育差异性问题；我们要关注某一类儿童说谎的普遍性，不如说更要专注某一个，甚至是每一个孩子发育、发展的特殊性。

人生成长的道路从来都不是笔直、平坦的，也许教育的真正目的，完全不在于如何给孩子创造一条一帆风顺的成长道路，而是陪伴、引领孩子走过一条必须经受困难、考验与挑战的道路，去创造一个相对比较好的未来与人生。这众多的困难、考验与挑战中，当然就包括——如何对待说谎。

事实上，我为了写这篇文章，特意查阅了相关资料，看到《国家人文地理》上有关心理学专家的一张研究图表，说是在6—77岁的人群中，每天说谎的人平均超过了30%，特别是13—17岁的青少年，一天说谎5次以下的占比达74%，一天说谎5次以上的占比达15%。

遇到孩子说谎时，我们能做的就是不要慌，首先相信自己也曾经是那个说谎的"小克拉"。

## 思考二：危害最大的是儿童说谎本身，
## 还是对说谎的"延伸"及"效应放大"？

不管儿童出于什么原因说谎，总是少不了他或她成长过程中的不健全特征和不安全感。由于儿童本身的成长性，除了那些特别早熟的儿童罪犯，儿童说谎确实可以归类到"童言无忌"之类。但是，我们也决不能因此忽视儿童说谎给自己、给家庭、给同学乃至给社会带来的危害。有针对性地加强心理辅导，给予人文关怀，强化诚信教育，以及适度的批评、惩罚，都是必要的。我们要进一步弄清楚的是，到底是儿童说谎本身带来了危害，还是我们成人、社会对儿童说谎的不科学的反应最终带来了危害。根据前面我们的分析，克拉的谎言发酵以及对卢卡斯的伤害，其实经历了三个阶段。而问题最大的倒不是克拉的谎言，而是园长与专家对谎言的延伸与小镇上人们对此做出的"过度反应"。正是每一个理性的社会人的"理性行为"，导致了最后"非理性的后果"。

从这个意义上说，成人其实是儿童说谎的最大"施害者"。因此，要真正治愈儿童说谎这个顽症，成人先要"吃药"，要服用的"第一服药"，或许就是我们怎么看待儿童的谎言，有时甚至是让我们也失去察觉的"真实的谎言"。

我们不妨看看儿童说谎到底有几种类型。（这完全是我的一家之言，如果有什么错误，请大家纠正，更欢迎教师同行中的专业伙伴予以指正。）

一是"自利性"说谎。每个人其实都是有自利偏好的，这大概就是"经济人假设"的驱使吧。儿童之所以说谎，一定是有意无意中觉得说谎对自己有利。这其中，又可以分为"目的性"说谎和"虚荣性"说谎两种。"目的性"说谎，就是说谎可以得到看得见的利益，比如一个奖励，一份礼物等；"虚荣性"说谎，就是虽然未必能得到什么具体物品，但是由此可以得到同学或其他人的欣赏、尊重，这，是否也算是马斯洛研究中的"自尊性需求"的满足？

二是"利他性"说谎。就是儿童说谎其实并不是为了自己，而是为一个或几个"其他人"。这样的孩子，在说谎时也有两种情况：其一，可能是被一种自以为是的"高尚"的"内在动机"驱动；其二，也可能是受到某种不为人知的"外在压力"的逼迫。总体上表现为"大义凛然""说谎不脸红"，要么"替他人做嫁衣"，要么"为别人背黑锅"。

三是"无利性"说谎。儿童的说谎呈现出某种"为说谎而说谎""不知怎么就说谎了"的状态，导致别人受损、自己更倒霉。最典型的，莫过于那个流传了千百年的《狼来了》的故事。

如果认同我以上对儿童说谎的分类，那么，关于"儿童说谎的危害"的问题，就自然过渡到成人社会，特别是教师如何对"自利性""利他性""无利性"儿童谎言的分类性认识与针对性分析。

### 思考三：教师遇到学生说谎乃至受到谎言伤害怎么办？

其实，这个问题还是要分两方面来看：

一是教师遇到儿童说谎怎么办？《狩猎》中每个人的经历与教训其实首先给教师上了一课。在此，我将其总结为"五心"策略：（1）以"平常心"待之，儿童说谎不是什么特别伤天害理的事情，兵来将挡、水来土掩即可；（2）以"前置心"预之，在充分了解学情、学生，以及学生背后的家庭、环境的基础上，做好教育与防范的"提前量"，尽量减少学生说谎，更重要的，是努力将学生说谎的危害降到最低程度；（3）以"反问心"析之，就是通过学生说谎的"蛛丝马迹"，去反思家庭、生活乃至教师日常管理过程中的种种得失，以及点滴细节，为更有针对性地处理、解决学生说谎问题做准备；（4）以"条理心"处之，针对学生说谎的不同原因、不同类别与性质，做出或"对症下药"、或"编制施治"的应对，确保提高学生说谎问题的处理效益；（5）以"长远心"期之，我们解决学生说谎问题其实不是最终的目的，根本是要以此为转化的重要契机，不断促进学生的全面、自然、可持续发展。总有一天，当越来越自信、越来越成功的学生，怀着感恩的心情来看望当年的老师时，我希望大家说到学生曾经某次的说谎时，能成为此刻最有趣的话题和最温暖的对流失了的时光的回望。

二是教师遭遇学生说谎的伤害怎么办？现实中我们越来越频繁地发现，太多的同行总是无法规避这方面的困扰。前有 N 年前，一系列幼儿园教师被冤枉虐待儿童的案例（尽管我们确实无法排除个别教师师德败坏，但是我们必须相信并且力挺绝大多数教师），后有五河县某教师因管理学生遭遇家长反对遭教育行政部门武断调离的事件。这些案例、事件的起因，大多都是因为学生不了解情况的误解或者是夸大其词的谎言。但是，被一层层放大，被一次次搅动，终于酿成社会热点事件……教师，成了某种学生说谎、社会发酵现象的牺牲品，成了现实生活中的卢卡斯。甚至即使最后证明了教师的清白，也对自己的情绪、对教师家人的情感有了难以消除的伤痕。对此，我们除了愤怒、无奈，还能做些什么？

我想，其一，教育行政部门与学校要有保护教师的"硬气"，不要动辄被舆论左右，轻易对教师定下"师德败坏"的结论，更不能以牺牲教师权益为代价，寻求某种"息事宁人"；其二，教师本身要有自我保护的"底气"，不断加强自身修养，细致做好全程管理，努力不给任何人以"冤枉"乃至"加害"的机会；其三，社会和家长要有真正尊师重教的"人气"，教师不是家长的对立面，大家都是培养孩子、望子成龙的同行者。有一点让我非常不解，现在我们的生活水平越来越高，全社会人员受教育程度也越来越高，但是，有时候，家长和社会对于师生关系的承受度却越来越脆弱，甚至都不如当年那些根本不识字的乡村的爷爷、父亲们。有人说，这是爱孩子的表现，这我承认。但是，这不堪"承受"，甚至不惜以"闹"来"表达"的爱的背后是什么？有没有利字当头的考量与求索，请大家自做明鉴，更要请相关当事人自证清白。

学生说谎是正常的，一次甚至多次处理不好也是正常的。但是，不想、不努力去正确处理，甚至任其发酵、从中获利是绝不正常的。对此，仅靠教师单方面的力量肯定"势单力薄"，我们需要的是全社会共同参与的系统性思维与综合治理。

两个有名的心理学效应，或许可以帮到正处于学生说谎、遭遇谎言之害的老师们：

一个是"投射性认同"。别人扔过来一个钩子，你上了钩，实际上被带到了"节奏"中，进入到"剪不断、理还乱"的"棋局"中。为此，教师本人，特别是教育行政部门、学校，以及家长、社会，都要有冷静的判断，千万别不经分析就匆忙"上钩"，甚至被人利用。

另一个是"海格力斯效应"。希腊神话中的大力神海格力斯，走路时看见脚边有个鼓起的袋子，便踩了那东西一脚。谁知那东西越踢越膨胀，最终把路堵死了。很多事情，不是"以其人之道还治其人之身""你跟我过不去，我也让你不痛快"就能解决的。更多时候，我们还是要做电影中的卢卡斯，学会宽容、懂得忍耐，放下了，也就放下了……

想想真挺让人沮丧的。一个学生的谎言，差点毁掉了一个小镇的安宁。特别是一个"天使"的谎言，更会让一个好人顿时陷入"百口难辩"的困境。

生活还在折腾，教育还要继续。所有的教师，明天还会准时上班。这个时候，也许我们会想起普希金的诘问——"假如生活欺骗了你……"

2020 年 2 月 22 日

# 电影 29:《地球最后的夜晚》

## 听学生聊聊他们的"梦"吧

日有所思，夜有所梦。可是我们对学生平常的"做梦"，究竟了解多少？

说一段故事给大家听：

A 与 B 是从小一起长大的好兄弟。后来，C 把 B 害死了。A 便找到 C 的情人 D，想利用 D 了解 C 的行踪以杀死 C。谁知，不知不觉中，A 竟爱上了 D。而 D 正好利用 A 以逃脱 C 的控制。终于，A 干掉了 C，可是，怎么也没想到，D 却带着他的钱，跑得无影无踪。

一晃 12 年过去了，一直对 D 念念不忘的 A，因父亲葬礼而回到故乡，打听到了一些线索，再次踏上了寻找 D 的行程。一路走来，他找到了与 D 结过婚又离了婚的男人 E，听 E 说现在 D 在一个歌舞厅唱歌。A 一路追过去，却发现这个歌厅一片破败，即将关闭，当晚将是最后一场演出。为了等待夜晚的到来，A 听从别人的建议，在隔壁影院看了一场蹩脚的电影。很快，他就带着 3D 眼镜睡着了，并且，做了一个很长的梦。

在似是而非的梦里，A 见到了一个孩子般的 B，见到了青春、清纯的 D，还见到了当年离自己而去的母亲……

最后，A 总算与 D 重逢。A 送给 D 一块从母亲那里要来的手表，可是 D 却送给 A 两支烟花。

手表戴在了 D 的手上，烟花却在房间里快速燃烧……

故事无聊吧？有没有觉得"你不说我还清楚，你越说倒让人越糊涂"？

这是一部什么样的"神作"呢？它就是2019年跨年贺岁片《地球最后的夜晚》。据说，开头电影画报尽情渲染了"爱情跨年"的主题，颇吸引了一大批青年情侣去看夜场电影，首日票房即高达2.4亿。可是，随着第一批观众产生了"上当"的感觉，这部电影立即高开低走。一件匪夷所思的事情发生了：2.4亿，这部电影的首日票房，也几乎成了它的最终票房。

要说这部电影有多不堪，恐怕也不至于。在我看来，这是一部试图对人生和现实生活作深刻反思的电影。如果一定要有一个主题，大概就是电影最后出现的"手表"与"烟花"，它们分别代表着——"永恒"与"短暂"的纠缠与博弈。这对每个人来说，确实是个问题！

要是好好讲述这个故事，电影的票房与风评应该也不会差。可是导演偏偏刻意打乱了时间线，混用了镜头语言，似乎有一种不把观众搞糊涂就算输的"勇气"。不过，你别说，还真的有人为这部电影叫好。一个主要的"好"点就在于，这部电影是在用梦呓一般的语言，来揭示梦呓一般的生活与人生。

我同意它的出发点，但坚决反对它的表达方式。

这部电影，谈到了我们生活中常见却很容易被人忽视的现象——做梦。它用几乎一个小时的时间，向我们讲述了一个带着复仇与和解、思念与放下复杂情绪的中年男人A的漫长梦境。

梦，人人都会做，有时候它就像一个天天在我们身边的朋友，虽然很熟悉，可是还真的缺少专门的关注，缺少特别的了解。由此，我突然想到了我的本职工作——教师。我们不是说要"为了一切的学生，为了学生的一切"吗？天地良心，就我个人而言，何曾关注过学生"做梦"呢？

当然，我这里讲的"做梦"，与我们通常意义上的与理想、空想等词汇相通的那个词汇——"梦想"不同，这就是指学生晚上做过的、白天可能记得也可能完全忘记的那个或者乱糟糟，或者很清晰，却终究是一场"空"的——梦。

就我的职业生涯来说，也曾经听学生聊起过梦，可那终究是偶尔走过学生身边"偷听"来的，根本没有深入思考，也来不及深入思考，更没有有心组织起来倾听或者讨论。我突然感到有点"害羞"：自以为随着年龄与责任心的增长，大体上觉得应该是越来越了解学生、关心学生了。可是，这么多年来，竟然没有认真地关心过学生"做梦"，这样说起来，我离所谓的"好教师"，终究还是差了那么一大截。

说起"做梦"，大家都不陌生，也都有话可说。中国人常说"日有所思，夜有所梦"，中国文化的一个基本思路是，善于从梦境的蛛丝马迹中去揭示人生的进退得失、爱恨情仇。比如庄子《齐物论》中"梦蝶"的故事。而近代西方文化中，因为有心理学的理论支撑，则更多倾向于对个人情绪、思想的分析，甚至是心理疾病的诊治。比如弗洛伊德就提出梦境是"对压抑欲望的反应"。而荣格则认为，梦更多与人的潜意识有关。

在我看来，梦，很难说得清它到底是一种生理活动，还是一种心理活动。至少做梦基本上都是在睡眠的时候发生，一定跟大脑的休息与继续活动的规律性有关。但同时，不同的人，甚至一个人在不同时期，会做不一样的梦，又体现了一种特别的精神性现象。

总之，梦是人生的"朋友"，它伴随每个人的一生，是介于睡眠和觉醒之间的"第三种状态"。据有关资料介绍，梦约占去人类睡眠时间的五分之一。只不过，有的人常做梦，有的人偶尔做梦；有的人做美梦，有的人做噩梦；有的人的梦能够连成一段故事，有的人的梦则只是"东一榔头西一棒子"；有的人做完了梦就拉倒，至多是醒过来有点余兴未消（不管是害怕，还是喜悦），而有的人做完了梦却写出了好诗（如诗仙李白），发现了"苯环"结构（如化学家凯库勒）……

如果不去深究电影关于人生与生活纠结的主题，这部电影对"梦"本身，还是花了功夫去表现的：第一，他是在主人公很累、电影很乏味、睡意袭来时开始的，说明了"梦的起步"；第二，他的梦里把一个小孩与朋友 B 混同，把妈妈记成了红头发爱吃苹果的女人，说明梦境是错乱的，虽有生活的影子却绝不等于生活；第三，他在梦里遇见了自己最爱的女人，说明生活再苦，也有做美梦的权利……而所有这些，恰恰验证了或者遵循了弗洛伊德关于"做梦"特点的揭示：梦偏好近几天的经历；梦里会把现实生活中有意无意弱化的东西凸显出来；梦是片段的、碎片的、无序的；儿时现象会反复出现在梦里。

说起来，还真要感谢这部看了让人想睡觉的《地球最后的夜晚》呢，不仅让我想起了一个具体的教育话题，还"恶补"了不少关于做梦的知识。难怪最近我老梦见自己老家的老房子。

说了这么多"做梦"，你是否觉得，还真的有必要关注、关心一下学生"做梦"？若你有空，就专门去听听学生们聊聊他们的"梦"。

听学生聊梦有什么好处？一是可以拉近学生之间、师生之间的情感距离，不要让学生总以为你只会、只愿意跟他们讲梦想，更不要让学生以为同学之间只有分数的竞争；二是可以了解学生近期的所思所想和儿时的有趣经历，学情把握上岂不是又多了一些生动的"档案材料"；三是可以锻炼学生的思维整理与语言表达能力；四是如果就此延伸，还可以锻炼、培养学生的反思精神与社会批评意识。

怎么听学生聊梦？一是环境、条件要适宜，选择比较轻松随意的时间和空间，让学生"有话说"；二是思维与表达指导要跟上，让学生"会说话"；三是同伴评价很重要，要让学生"会评价"；四是行为习惯启迪要注重潜移默化，让学生慢慢"会改变"。

怎么让聊梦的效应不断放大？八仙过海，各显神通。只要思路打开了，老师们自会有自己的"灵丹妙药"。也许，一个独特的，承载着教育功能、生活趣味和人生记忆的"聊梦课程"，就此诞生了呢！

当然，如果你没空，也请关注一下学生的"梦"。毕竟，长期做梦，会影响情绪与身体，仅就这一点，你也不能对学生的梦无动于衷。

当然，如果你是一名校长、一名教师、一名负责人，何妨举一反三，让同事们去聊一聊他们各自的梦？

教师与学生在一起，首先是与他们的生活在一起。既然做梦是学生生活的一部分，那么，不管你有空还是没空，都去听听学生聊聊他们的梦吧。

2020 年 2 月 27 日

图书在版编目（CIP）数据

光影启迪教育：给教师的 29 堂电影课／徐明著 .—上海：华东师范大学出版社，2022
ISBN 978-7-5760-2774-7

Ⅰ.①光 ... Ⅱ.①徐 ... Ⅲ.①师资培养 Ⅳ.① G451.2

中国版本图书馆 CIP 数据核字（2022）第 053398 号

大夏书系·课程建设

# 光影启迪教育
——给教师的 29 堂电影课

| | |
|---|---|
| 著　　者 | 徐　明 |
| 策划编辑 | 朱永通 |
| 责任编辑 | 万丽丽 |
| 责任校对 | 杨　坤 |
| 封面设计 | 奇文云海·设计顾问 |

| | |
|---|---|
| 出版发行 | 华东师范大学出版社 |
| 社　　址 | 上海市中山北路 3663 号　邮编　200062 |
| 网　　址 | www.ecnupress.com.cn |
| 电　　话 | 021-60821666　行政传真　021-62572105 |
| 客服电话 | 021-62865537 |
| 邮购电话 | 021-62869887　地址　上海市中山北路 3663 号华东师范大学校内先锋路口 |
| 网　　店 | http://hdsdcbs.tmall.com/ |

| | |
|---|---|
| 印 刷 者 | 北京季蜂印刷有限公司 |
| 开　　本 | 700×1000　16 开 |
| 插　　页 | 1 |
| 印　　张 | 12 |
| 字　　数 | 177 千字 |
| 版　　次 | 2022 年 5 月第一版 |
| 印　　次 | 2025 年 1 月第三次 |
| 印　　数 | 9 101 - 10 100 |
| 书　　号 | ISBN 978-7-5760-2774-7 |
| 定　　价 | 49.80 元 |

出 版 人　　王　焰

（如发现本版图书有印订质量问题，请寄回本社市场部调换或电话 021-62865537 联系）